P. SAINTYVES

LES ORIGINES DE LA MÉDECINE

EMPIRISME OU MAGIE ?

PARIS
Librairie Critique
EMILE NOURRY

1920

P. SAINTYVES

LES ORIGINES DE LA MÉDECINE

P. SAINTYVES

LES ORIGINES
DE LA MÉDECINE

EMPIRISME OU MAGIE ?

PARIS
Librairie Critique
EMILE NOURRY
—
1920
Tous droits réservés

Les Origines de la Médecine

Chapitre premier

L'ART DE GUÉRIR EST-IL D'ORIGINE PUREMENT EMPIRIQUE ?

Les historiens et les philosophes qui ont étudié la question des origines de la médecine ou de la pharmacie l'ont généralement résolue fort brièvement et reproduisent toujours les mêmes réponses : La thérapeutique fut entièrement empirique à l'origine, l'instinct et le hasard furent les premiers instituteurs du médecin. Et cette autre : La médecine fut tout d'abord exclusivement mystique, elle naquit des idées religieuses à l'ombre des sanctuaires, prit sa source dans les oracles et les révélations. Ces deux réponses un peu simplistes et quelque peu contradictoires méritent un sérieux examen. Voyons la première thèse. Est-il vrai qu'il y ait eu tout d'abord une médecine purement empirique ?

C'était l'opinion du célèbre Trousseau : « Quand l'homme a été malade, écrivait-il, autour de lui, instantanément, il s'est constitué une médecine : ce fut d'abord la médecine de l'hygiène, (lisez : de l'instinct). On était brisé par la fatigue de la maladie, on se tenait en repos. On avait soif, on buvait de l'eau. La peau était ardente, on prenait un bain. C'est la première hygiène, la première médecine, toute d'expérience, *instinctive* ; le malade y venait de lui-même, et ceux qui étaient autour de lui approuvaient ce que le malade faisait.

« Cependant le champ s'est agrandi, et le hasard est venu à notre secours. La médecine ne pouvait pas se constituer autrement. Un individu atteint de fièvre au Pérou, accoutumé qu'il était de prendre des boissons amères pour remédier à la fièvre ou au mauvais état de son estomac a pris de la poudre d'une écorce amère qu'il rencontrait dans la Cordilière, il a pris de l'écorce de quinquina ; sa fièvre a cédé mieux qu'elle ne cédait auparavant : le voilà apprenant du hasard que le quinquina guérissait cette maladie étrange à laquelle on a donné le nom de fièvre intermittente. C'est le hasard, rien que le hasard qui a doté l'art de guérir de ce précieux médicament.

« Dans certaines parties de notre France, lorsque pour la teinture les jeunes filles, les jeunes femmes s'occupaient de recueillir les stigmates du safran, on a vu chez elles certaines fonctions s'exagérer, et l'on a pensé qu'il pouvait être utile, dans quelques circonstances, de donner du safran pour rappeler ces fonctions abolies. C'est encore du hasard, rien que du hasard, comme vous le voyez.

« Je ne sais quel empirique hasardeux a donné à prendre à l'intérieur des éponges calcinées converties en poussière — chose étrange, et dont, à coup sûr, un médecin ne se serait pas avisé, — à un individu atteint de goître et le goître a guéri. Du hasard, rien que du hasard.

« Des jeunes filles pâles ont bu l'eau d'une fontaine coulant au milieu de sables métalliques qui contenaient des parcelles de fer, et elles ont été guéries, rappelées à la coloration de la jeunesse. Le hasard a montré les propriétés du fer dans cette maladie des jeunes filles, dans les *pâles couleurs*, le hasard et rien de plus.

« Des ouvriers atteints de maladies de peau ont sublimé du soufre et les maladies de peau furent guéries. On a appris de cette façon que le soufre était utile dans les maladies de peau [1]. »

---

1. Trousseau, *Conférence sur l'Empirisme*. Paris, 1862, in 8°, p. 5-6. — On pourrait citer vingt autres témoignages de médecins développant la

P.-A. Cap, en son histoire de la pharmacie, ne s'exprime guère autrement : « Les premiers médicaments connus, dit-il, furent des applications d'herbes adoucissantes ou aromatiques, les corps gras et les décoctions végétales. Le repos, la diète, les boissons abondantes, premiers moyens que la *nature* indique à l'homme comme aux animaux, comprirent toute la thérapeutique des maladies dont la cause était ignorée. Plus tard, le *hasard* et l'*instinct des malades* amenèrent successivement la découverte de quelques médicaments [1]. »

Ce que Trousseau appelle la médecine de l'hygiène et Cap la thérapeutique de la nature se résout encore en inspiration de l'instinct ou en indication du hasard. Un maître de l'histoire égyptienne, et son opinion est d'autant plus intéressante qu'elle s'est exprimée à propos des plus anciens textes médicaux qui nous soient parvenus, Maspéro, écrivait : « Au début l'on avait expérimenté tout ce que l'on avait sous la main, puis avec le temps on avait éliminé ce qui n'avait pas eu de bons résultats pour ne retenir que ce qui paraissait avoir amené la guérison. Cette sélection purement empirique avait laissé pour chaque maladie un résidu de remèdes de composition différente mais de valeur à peu près égale dont on usait à tour de rôle jusqu'à ce que l'un d'eux eût produit de l'effet [2]. »

Ainsi, s'il faut en croire des maîtres, les débuts de la thérapeutique seraient le résultat d'une expérience sans règle ni principe, effectuée le plus ordinairement sous la seule influence de la fantaisie ou de l'instinct. Devrons-nous donc admettre, avec Claude Bernard, qu'à son berceau la médecine ne fut qu'un empirisme aveugle ?

Nous ne le pensons pas ; ce que nous appelons instinct chez l'homme est tout imbu de raison et résulte souvent de raisonnements implicites ; ce que nous appelons hasard n'est rien autre chose souvent que le fruit d'une observation intelligente.

même idée. Cf. : Kurt Sprengel, *Histoire de la Médecine*, trad. Jourdan. Paris, 1815, in 8°, 1, 21. D' A. Becquerel, *De l'Empirisme en Médecine.* Paris, 1844, in 8°, p. 11 et 19.

1. P.-A. Cap, *Histoire de la Pharmacie*, p. 11.

2. G. Maspéro, *Causeries d'Égypte.* Paris, 1907, in 8°, p. 315.

§ 1. De la part du hasard

Il semble bien d'ailleurs qu'on ait singulièrement exagéré le rôle que le hasard a joué dans les découvertes médicales, car si, non content d'une simple affirmation, l'on demande des exemples, ceux-ci n'abondent pas.

Le D' Imbert Gourbeyre, voulant donner un exemple, cite l'invention de la nitro-glycérine ; il faut avouer qu'il s'agit là d'un remède un peu violent.

Quant aux exemples qui nous ont été fournis par le D' Trousseau, plusieurs d'entre eux sont fort discutables. L'emploi du soufre dans les maladies de peau pourrait bien avoir été indiqué par le principe des similitudes et il ne serait pas étonnant qu'il ait été d'abord employé dans les maladies qui donnent à la peau une couleur de soufre. Suggestion d'une raison encore faible et qui se cherche, mais néanmoins suggestion de la raison.

Quant à l'emploi des éponges dans le goître, ne se justifierait-il point encore par la théorie des semblables ? Le goître n'est-il pas, aux yeux des primitifs ou même des simples parmi nos contemporains, une sorte d'éponge charnue qui se gonfle comme se gonflent les éponges ? En vertu du *similia similibus curantur*, aphorisme dont l'origine remonte, comme nous le verrons, à celle même de la raison, il était logique de donner de l'éponge à ces spongieux que sont les gens affligés de goître.

Pour le quinquina, la version du D' Trousseau prouve tout autre chose que ce qu'il veut prouver. Si le quinquina fut employé d'abord à titre d'amer, ce fut évidemment par suite d'un raisonnement greffé sur l'instinct. Si les amers soulagent les fièvreux auxquels l'instinct avait donné cette indication le quinquina qui est un amer doit également calmer la fièvre [1].

1. D'après Lambert et Mérat, ce n'est pas un indigène qui aurait découvert les propriétés du quinquina, mais les Européens. « On dit seulement à Loxa, disent-ils, que les Jésuites ayant distingué, selon l'usage du pays, les différentes espèces d'arbres en mâchant l'écorce, ils eurent lieu de remarquer la grande amertume du quinquina, et *que ceux d'entre eux qui avaient quelques connaissances en médecine*, l'essayèrent en infusion contre la fièvre tierce, maladie ordinaire du pays. » V° *Quinquina* in *Dictionnaire des Sciences médicales*, t. XLVI (1820), p. 402. L'opinion con-

Il est vrai qu'il y a d'autres versions de la découverte du quinquina et qui eussent mieux confirmé les dires du maître. Voici, selon la mythologie du dieu hasard, l'histoire de la découverte du quinquina. « Les divers bois de quinquina étaient employés par les Péruviens comme matières tinctoriales, lorsqu'un événement singulier vint leur indiquer les propriétés médicales de cet arbre. Un tremblement de terre s'était manifesté à Loxa et dans les environs ; il existait à deux lieues de la ville, un petit étang entouré de cinchona. Les secousses de ce tremblement de terre furent telles que la plupart de ces arbres, déracinés, tombèrent dans l'étang dont ils sursaturèrent les eaux. Quelques jours après, un Péruvien, atteint depuis longtemps de la fièvre, vint pour y étancher sa soif, et il but une telle quantité de cette infusion naturelle qu'il fut guéri[1]. »

Malheureusement l'historicité de ce récit manque de toutes garanties. Il ne paraît pas douteux que les indigènes du Pérou ont connu l'usage du quinquina avant les Jésuites, mais il est également certain que l'on ne saurait décider s'ils ont été guidés dans leur découverte par l'instinct, par le hasard ou par quelque raisonnement analogique.

En réalité la part du hasard dans les découvertes thérapeutiques est des plus restreintes et lorsque nous voyons des médecins comme Trousseau prêcher cette divinité, nous ne pouvons réprimer notre surprise : « L'expérimentation des remèdes nouveaux n'est permise, dit-il, qui si déjà le *hasard* dont j'ai parlé nous a mis sur la voie de cette expérimentation, et lorsque nous avons la certitude que le médicament ne peut produire aucun péril[2]. »

S'il fallait l'en croire, ainsi que les empiriques de son école, la science marcherait vraiment à pas de tortue ; mais si le

traire est pourtant la seule admissible. Cf. : D' H. Girgois, *L'Occulte chez les Aborigènes de l'Amérique du Sud.* Paris. 1897, in-12, p. 141.

1. D' A. Becquerel, *De l'Empirisme en Médecine.* Paris, 1844, p. 30. On en trouvera une version à peu près semblable dans Janus, *Dict. de Médecine,* v° *Quinquina.* D'autres auteurs prétendent que ce sont des animaux qui auraient été guéris de leur fièvre en buvant de l'eau d'une mare où il y avait des troncs de cinchonas. Voyez Lambert, *Quinologie.*

2. Trousseau, *Conférences sur l'Empirisme.* Paris, 1863, in 8°, p. 9.

hasard fut un dieu, Trousseau ne l'était point et nul n'est obligé de s'incliner.

Au reste ce que la plupart des apologistes du hasard lui attribuent ce sont tout simplement les découvertes que l'instinct a inspiré soit aux animaux, soit aux hommes.

§ II. De l'instinct médical chez les animaux

Il n'est pas douteux, dit Virey, qui fut professeur au Collège de France, que « les bêtes ont été les premiers docteurs en médecine »[1]. Mais, bien avant lui, l'argument fut cher à l'antiquité et nous ne saurions mieux faire que de rappeler la page où Pline l'a développé[2].

« L'hippopotame, dit-il, a enseigné à la médecine l'une de ses opérations : quand une abondance continuelle d'aliments l'a rendu trop gras, il vient sur la rive pour chercher des roseaux récemment coupés ; dès qu'il voit une tige très aiguë il s'y appuie, et s'ouvre une veine à la jambe. S'étant ainsi, par l'écoulement du sang, débarrassé du malaise qui le gênait, il couvre la plaie de limon.

« Dans la même Egypte, un oiseau, appelé ibis, a enseigné quelque chose de semblable : il se lave les intestins en insinuant son bec recourbé dans cette partie par laquelle il est si important que le résidu des aliments soit évacué[3]. Et ce ne sont pas les seules inventions utiles, même à l'homme, qu'aient trouvées les animaux : le cerf a indiqué le dictame[4] *(origanum dictammus L.)* pour l'extraction des flèches ; blessé par cette arme, il lui suffit de manger du dictame pour qu'elle se détache. Le même animal, blessé par l'araignée qu'on appelle phalange

1. Virey, v° *Instinct* in *Dict. des Sciences médicales*, xxv.
2. On trouvera dans les notes dont j'ai accompagné cette citation l'indication de la plupart des passages parallèles des auteurs anciens.
3. Cicéron, *De Natura Deorum*, II, 50, éd. Nisard, IV, 136 ; Plutarque, *Quels animaux sont les plus intelligents*, § 20. Trad. Bétolaud, *Œuvres morales*, IV, 136.
4. Pline, *H. N.* xxv, 53, éd. Littré, II, 180 ; Cicéron, *De Nat. Deorum*, II, 50, éd. Nisard IV, 136 ; Plutarque, *Quels animaux*, etc. § 20, trad. citée, IV, 136. Tertullien, *De Pœnitentia*, XII, 6, éd. Labriolle, p. 49.

ou par quelque bête, semblable, se guérit en mangeant des écrevisses. Une herbe excellente contre ·les morsures des serpents [1] est celle avec laquelle se raniment les lézards blessés dans les combats qu'ils leur livrent. La chélidoine [2] est très bonne pour la vue ; ce que nous ont appris les hirondelles qui s'en servent pour guérir les maladies des yeux de leurs petits.

« La tortue se redonne des forces contre les serpents en mangeant la cunile qu'on appelle herbes aux bœufs [3], la belette en mangeant de la rue quand elle a livré des combats aux serpents en poursuivant les rats [4] ; la cigogne se guérit dans ses maladies en mangeant de l'origan [5], le sanglier avec du lierre et en mangeant des écrevisses, surtout celles que la mer rejette. Le serpent qui mue par l'effet de l'hiver [6] se délivre de sa peau avec le jus du fenouil et reparaît au printemps brillant de jeunesse. Le même animal, dont la vue s'est affaiblie pendant l'hivernage, se frotte avec le fenouil, et par cette onction rend de la force à ses yeux ; en se frottant contre les épines du genévrier, il se délivre des écailles qui lui obscurcissent la vue ; le dragon se purge au printemps avec le suc de la laitue sauvage.

1. Pline recommande ailleurs le condrille broyé (*Chondrilla juncea L.*) contre les morsures de serpents, parce que, dit-il, « les rats des champs blessés par ces reptiles mangent de cette herbe ». *H. N.*, xxii, 45, éd. Littré, ii, 89.

2. Pline revient encore par deux fois sur l'efficacité de la chélidoine pour la vue. *H. N.*, xxv, 50 et 91, éd. Littré, 180 et 188. Tertullien, *De Pænitentia*, xii, 6.

3. « Les tortues, dit-il encore, qui vont livrer combat aux serpents, cherchent un préservatif dans cette *cunila* et quelques auteurs à cause de cela la nomment *panacée*. » *H. N.*, xx, 61, éd. Littré, ii, 26. *Cunila*, labiée indéterminée, dit Littré ; ne serait-ce pas l'origan ? Cf. Plutarque, *Quels animaux sont les plus intelligents*, § 20. Trad. Bétolaud, *Œuvres morales*, iv, 262.

4. Pline, *H. N.* xxix, 26, éd. Littré, ii, 307.

5. Elien dit que l'origan est employé comme vulnéraire par les perdrix, les cigognes et les ramiers. *N. A.* v, 46, éd. Gronovius, i, 290-291.

6. Pline, *H. N.*, xx, 95, éd. Littré, ii, 39, rappelle le double usage qu'en font les serpents, « ce qui fit comprendre, dit-il, que chez les hommes aussi ce suc était un remède excellent pour la vue ». Cf. également Plutarque. *Quels animaux sont les plus intelligents*, § 20, trad. Bétolaud, *Œuvres morales*, iv, 263.

Les barbares vont à la chasse des panthères avec la viande
frottée d'aconit ; c'est un poison : la panthère, dès qu'elle en a
mangé, est prise d'étranglement ; aussi quelques-uns appellent-
ils cette herbe pardalianche [1]. Mais l'animal se guérit avec les
excréments de l'homme [2] dont il est tellement avide que, si des
bergers en mettent dans un vase, en ayant soin de le suspendre
hors de la portée de ses bonds, il s'épuise à sauter pour y
atteindre et finit par expirer. L'éléphant, trompé par la couleur,
mange-t-il un caméléon (c'est un poison pour lui), il a recours à
l'olivier sauvage. Les ours, quand ils ont goûté du fruit de la
mandragore lèchent les fourmilières [3]. Le cerf, en mangeant de
la cinare [4] combat les plantes vénéneuses des pâturages. Les
ramiers, les choucas, les merles, les perdrix remédient avec la
feuille du laurier à la perte d'appétit qu'ils éprouvent chaque
année ; les colombes, les tourterelles, les poules, avec l'herbe
appelée helxine [5] ; les canards, les oies et les autres oiseaux
aquatiques avec la sidéris [6] ; les grues et oiseaux semblables,
avec le jonc de marais. Le corbeau, ayant tué un caméléon,
nuisible à son vainqueur même, dissipe le venin avec du laurier.
Je pourrais citer mille autres faits [7]. »

Et, comme s'il eût voulu le prouver, Pline a cru devoir y

1. Pline, *H. N.*, xxvii, 2, éd. Littré, ii, 226, y revient longuement et il
ajoute : « Qui peut douter que le hasard seul ait fait trouver ce remède,
et que toutes les fois que le cas arrive encore aujourd'hui il ne soit
nouveau pour l'animal, puisque entre animaux, ni procédé ni expérience
ne se peuvent transmettre ? »

2. Cicéron confirme Pline. *De Natura Deorum*, ii, 50, éd. Nisard, iv, 136.

3. Sur l'ours, *H. N.*, viii, 54, éd. Littré, i, 339 ; sur la mandragore,
H. N., xxv, 94, éd. Littré, ii, 189-190. « Il est certain, dit encore Pline,
que les ours malades se guérissent en mangeant des fourmis », *H. N.*,
xxix, 39, éd. Littré, ii, 319. Voir aussi Plutarque, *Quels animaux sont les
plus intelligents*, § 20, éd. Bétolaud, iv, 136.

4. On ne sait ce que c'est que cette plante. Quelques-uns l'ont prise
pour l'artichaut qui se dit *cinara*.

5. Pour l'helxine de Dioscoride, iv, 39, Fraas, *Synopsis plantarum
floræ classicæ*, p. 170, indique le *convolvulus arvensis* L.; et pour celle
de iv, 86, la *parietaria diffusa*, p. 235. Littré.

6. On ne sait ce qu'est la *sideris*, peut-être est-ce la *sideritis ?* voir
H. N., xxvi, 12.

7. Pline, *H. N.*, viii, 40-42, éd. Littré, i, 334-335.

revenir : « Des animaux, dit-il, ont découvert des plantes.... Les chiens ont trouvé aussi la canaria, avec laquelle ils se guérissent du défaut d'appétit [1]. Ils mangent cette plante en notre présence, mais de manière qu'on ne distingue jamais ce que c'est parce qu'on ne la voit que bien mâchée. On a encore noté une méchanceté plus grande de cet animal au sujet d'une autre plante : on dit que, mordu par un serpent, il se guérit avec une certaine herbe mais qu'il ne la cueille pas quand un homme le regarde [2].

« Les biches moins envieuses nous ont enseigné l'elapholoscos *(pastinaca sativa* L.) dont nous avons parlé [3], ainsi que le séseli [4] dont elles usent après avoir mis bas [5] ».

Plutarque, moins crédule et moins abondant que Pline, n'en est pas moins convaincu de la science médicale des bêtes : « L'art de guérir se composant de trois parties [6], nous voyons

1. Littré pense que la *canaria* est une graminée, il est fort vraisemblable qu'il s'agit du chiendent. Les chiens se purgent, dit encore Cicéron, *De Nat. Deorum.* II, 50, éd. Nisard, IV, 136.

2. Cf. Élien, *H. A.*, V, 46 et VIII, 9, éd. Gronovius, I, 290-291 ; 456-457. Il note que les chiens connaissent des herbes pour panser leurs blessures, expulser les vers intestinaux, pour se purger et se faire vomir. Le chien en léchant ses plaies nous a enseigné le bon effet de la salive pour cicatriser les ulcères. Il n'ignore pas non plus, dit Élien, que le fruit du frêne produit une douleur des hanches et il s'en abstient.

3. « Le panais, dit-il encore, est bon contre les morsures des serpents et les piqûres de tous les animaux ; on assure que les cerfs, en en mangeant, résistent aux poisons des serpents », *H. N.*, XXII, 37, éd. Littré, II, 87.

4. « Le sili ou séseli *(seseli tortuosum* L.) dit-il encore, facilite le part des quadrupèdes », *H. N.*, XX, 18, éd. Littré, II, 6, ce qui semble bien indiquer que c'est avec raison que Cicéron dit que la biche absorbe cette herbe un peu avant de faonner. *De natura Deorum*, II, 50, éd. Nisard, IV, 136. Plutarque semble bien confondre le séseli avec le dictame. « C'est des chèvres de Crète, dit-il, que les femmes enceintes ont pu apprendre les propriétés de cette herbe pour rendre les accouchements faciles, attendu que ces animaux, lorsqu'ils sont blessés, ne dirigent leurs pas et leurs recherches qu'à la poursuite du dictame .» *Quels animaux sont les plus intelligents*, § 20, trad. Bétolaud, *Œuvres morales*, IV, 263-264.

5. Pline, *H. N.*, XXV, 50-52, éd. Littré, II, 180.

6. Les trois parties de la médecine semblent être pour Plutarque la pharmacie, la diète et la chirurgie.

que les animaux possèdent ce que chacune de ces trois parties
a de plus abondant et de plus efficace. Ils ne se bornent pas
seulement à la pharmaceutique comme quand les tortues prennent de l'origan et les belettes de la rue après avoir mangé du
serpent, ou comme les chiens, au moyen de certaines herbes, se
débarrassent d'un excès de bile... Pareillement, quand l'ours
sort de sa tanière, la première chose qu'il fait c'est de manger
de l'arum sauvage, dont la saveur âcre lui ouvre les intestins
repliés sur eux-mêmes... Les prêtres d'Egypte emploient pour
leurs ablutions religieuses de l'eau où les ibis se désaltèrent,
car pour peu qu'une eau soit impure ou malsaine ces oiseaux
n'en approchent point.

« Il y a, outre cela, quelques animaux qui pratiquent la diète
pour se guérir. Aussi, quand les loups et les lions se trouvent
repus de chair, ils restent tranquillement couchés pour entretenir leur chaleur...

« Enfin, sans préjudice du reste, on raconte que les élé-
phants font usage de la chirurgie. Si quelques-uns d'entre eux
ont été percés de crocs, de lances et de flèches, d'autres
viennent les assister et loin d'étendre la blessure ils en retirent
les projectiles très prestement et sans causer de souffrance [1]. »

On pourrait, sans doute, multiplier ces témoignages. Horapollon, par exemple, recommande la laitue (hierax) pour la
guérison des yeux, parce que l'épervier (hierax) est le protecteur de la vue en Egypte [2]. Il ne s'explique pas autrement
et l'on pourrait se demander si c'est en raison de la commu-
nauté du nom ou parce que cette plante lui est consacrée ; mais
Pline dissipe tous nos doutes : « La laitue, dit-il, qui a les
feuilles rondes et courtes, est appelée par quelques-uns *hieracia
(tragopogon picroïdes* L.) parce que l'épervier en la grattant et
en s'humectant les yeux avec le suc s'éclaircit la vue quand il
sent qu'elle est trouble [3]. » S'il faut en croire Horapollon, ce
seraient les pigeons qui auraient enseigné à l'homme l'usage

---

1. *Quels animaux sont les plus intelligents*, § 20, trad. Bétolaud, *Œuvres morales*, IV, 262-263.

2. Horapollon, *Hiéroglyphes*, I, 6.

3. Pline, *H. N.*, XX, 26, éd. Littré, II, 10.

des talismans de guérison. « Lorsque le ramier est malade, écrit-il. il met dans son nid, disent les Egyptiens, une feuille de laurier, qui est consacré au dieu de la médecine et il guérit [1]. » Le lion tourmenté de la fièvre se guérit en mangeant du singe, et c'est lui qui aurait enseigné ce remède à l'homme[2], mais celui-ci n'en use guère, non plus que de la capillaire même lorsqu'il est ivre. Cependant, la huppe qui a trop mangé de raisin se procure la guérison en mettant cette plante dans sa boisson [3].

Celse écrivait : « Si les hommes s'applaudissent de leurs connaissances magiques, les aigles et les serpents en savent, en cela, autant et plus qu'eux. Car ces animaux connaissent de nombreux remèdes contre les poisons et les maladies ; ils connaissent la vertu de certaines pierres qu'ils emploient à la guérison de leurs petits, pierres dont les hommes font si grand cas, que, s'ils en trouvent par hasard, ils pensent avoir acquis un trésor. » Origène qui nous rapporte ce passage remarque que Celse entend ici par magie « l'expérience ou l'instinct qui guide les animaux »[4].

Tous ces dires des anciens ont été tenus pour articles de foi durant tout le moyen âge[5] ; mais ils nous font sourire aujourd'hui. Parmi toutes ces histoires il y en a fort peu qui aient quelque apparence de vérité ; mais on peut admettre que certaines de ces observations sont exactes et que l'on pourrait en tous cas en signaler d'autres moins discutables.

1. Horapollon, *Hiéroglyphes*, II, 40.

2. Horapollon, *Hiéroglyphes*, II, 70. Pline s'exprime assez différemment. La seule maladie à laquelle le lion soit sujet est la perte d'appétit ; on l'en guérit en excitant sa colère par l'insolence des guenons mises près de lui : il boit leur sang, qui lui sert de remède. VIII, éd. Littré, II, 327.

3. Horapollon, *Hiéroglyphes*, II, 87.

4. Origène, *Contre Celse*, IV, 86. — N'est-ce pas encore l'opinion de *Porphyre* ? « Les plus habiles médecins ne distinguent pas aussi exactement les saveurs, ne savent ni ce qui est nuisible, ni ce qui est sain, ni ce qui peut servir de contre-poison aussi exactement que les animaux, *De l'Abstinence*, III, 8, trad. de Burigny, p. 197.

5. Agrippa, *De la Philosophie occulte*, I, 17, reproduit nombre de ces assertions et principalement celles de Pline.

Virey, qui s'autorise surtout de Pline et d'Elien, parfois d'ailleurs à contre-temps, signale maints autres traits de l'instinct chez les bêtes : les moutons qui ont des vers au foie vont lécher les pierres salées et urineuses ; dans les terrains inondés, d'autres bestiaux hydropiques avalent des terres ferrugineuses. « Quand on voit, dit-il, les moindres insectes au sortir de l'œuf et sans guide sur la terre, découvrir précisément la plante qui leur convient le mieux... on peut croire que divers animaux nous ont dicté l'empirisme médical. C'est une tradition générale dans l'Inde, selon Kempfer, Garcias ab Orto et d'autres voyageurs que la mangouste sait se défendre du venin du serpent *naja* ou à lunettes, au moyen de la racine d'*ophiorrhizos mungos* L... Il est certain que les chats et autres carnivores font diète et boivent de l'eau quand ils sont malades. Stedman a vu des singes d'Amérique, ou les sapajous de la Guiane, dans leurs forêts, appliquer certaines feuilles astringentes mâchées sur les blessures que leur font les flèches des sauvages, et étancher leur sang avec des gommes d'arbres [1]. »

Les aborigènes du Brésil prétendent que la vertu vomitive de l'ipéca a été révélée à leurs ancêtres par un chien sauvage nommé Guara ; cet animal, quand il avait bu en excès l'eau saumâtre ou impure des lagunes ou des rivières, mâchait des racines d'ipeca-cuanha qui lui faisaient vomir cette eau et lui rendaient la santé [2].

S'efforçant de montrer que les bêtes ont l'usage de la raison, après avoir rappelé divers exemples de l'instinct médical, Plutarque écrit : « Diras-tu, ce qui est vrai, que leur maître en cela est la nature ? Ce sera au principe le plus excellent et le plus sage que tu feras alors remonter la prudence des bêtes, que si vous répugnez à leur appliquer ces mots de raison, de prudence, c'est le cas d'en chercher un qui soit plus beau et plus honorable, puisque par leurs actes les bêtes révèlent un pouvoir réellement plus précieux et plus admirable... Ce n'est

1. J.-J. Virey, V° *Instinct* dans *Dict. des Sciences médicales* XXV (1818), p. 369-371.
2. Coulon, *Curiosités de l'Histoire des Remèdes*, p. 137.

pas faiblesse chez elles : c'est vigueur et perfection d'une
nature bien dotée[1] . »

Si Plutarque ne prononce pas le nom d'instinct il n'y songe
pas moins. Au reste, il a essayé par ailleurs une analyse de cet
instinct médical qui ne manque ni de sagesse ni de pénétration.
« Est-ce que, dit-il, comme par leur odeur les gâteaux de miel
invitent et attirent de loin l'abeille, et comme les charognes
attirent le vautour, de même le pourceau est attiré par les
écrevisses, la tortue par la marjolaine, l'ours par les fourmis ;
cette attraction étant l'effet d'odeurs et d'émanations appro-
priées à la nature de chacun des animaux sans qu'aucune vue
d'utilité soit déterminée en eux par cette impression des sens ?
Est-ce que certains appétits sont excités chez les animaux par
des fonctions maladives, à la suite desquelles ils éprouvent des
aigreurs excessives, ou des fadeurs, ou d'autres sensations
inaccoutumées et étranges, leurs humeurs se trouvent altérées ?
C'est ce qui se voit dans les femmes enceintes qui mangent
des pierres, de la terre. Aussi les médecins intelligents savent-
ils d'avance, par les appétits de leurs malades, ceux dont l'état
est désespéré et ceux qui en réchapperont. Le médecin Mné-
sithée consigne même cette observation, que si au commencement d'une pneumonie on a envie de manger des oignons, c'est
qu'on en réchappera ; quand on désire des figues, on est perdu.
*Les appétits suivent les dispositions du corps, et ces dernières
suivent les maladies.* Il est donc vraisemblable que, pareillement aussi, les animaux qui ne sont pas atteints de maladies
désespérées et complètement mortelles, se trouvent dans des
dispositions et des conditions telles, que chacun d'eux est
conduit et porté par ces appétits vers ce qui doit le sauver[2] . »

Même en rejetant tout ce qu'il y a à rejeter dans les exemples allégués par les anciens pour démontrer que la médecine
doit ses origines à l'instinct des animaux, on ne saurait méconn-
naître que les appétits suivent les dispositions du corps qui

1. Plutarque, *Que les Bêtes ont l'usage de la raison*, § 9, dans *Œuvres
morales*, trad. Bétolaud, IV, 306.

2. *Des Causes naturelles.* Question XXVI dans *Œuvres morales diverses*,
trad. Bétolaud, III, 121-122.

elles-mêmes sont nécessairement influencées par la maladie. La truie, avant de cochonner et après, mange du poivre d'eau, *polygonum hydropiper,* plante qu'elle rejette en tout autre temps [1].

Ce sont ces indications de l'instinct que d'aucuns ont baptisées le hasard ; mais, c'est là un abus de langage. « Le hasard, oui, le hasard, s'écriait Pline, parlant de l'instinct de la panthère, voilà donc la divinité à laquelle nous devons tant d'inventions utiles à la vie ! *Bien entendu que sous ce nom on entend la nature qui produit et enseigne toutes choses ;* et nous sommes placés entre deux alternatives égales, ou d'admettre qu'à chaque fois les panthères font la découverte dont il s'agit, ou d'admettre que *cette connaissance est innée chez elle.* » On ne saurait qu'approuver cette interprétation du hasard. « Aux autres points de vue ,ajoute-t-il encore, il est honteux que tous les animaux, excepté l'homme, connaissent ce qui leur est salutaire [2]. »

§ III. Du rôle de l'instinct de l'homme dans la découverte des médicaments

L'assertion de Pline ne saurait être acceptée sans réserve ; l'instinct humain n'a pas été un guide moins précieux que celui des animaux dans les soins et les médicaments à donner aux malades. Cap prétend, au contraire, que l'homme a dû s'observer lui-même plus qu'il n'a observé les animaux et que « *l'instinct des malades* doit souvent offrir des indications, des enseignements plus certains et plus naturels. Ne sait-on pas, par exemple, que les personnes atteintes d'une fièvre putride demandent des acides, que certains poisons plaisent au corrhéïques et que la dyssentérie se caractérise par une appétence particulière pour le raisin ? C'est le *hasard* (lisez : l'instinct des malades) qui nous a enseigné les propriétés du quinquina, de l'ellébore et d'une foule d'autres médicaments qui enrichissent la matière médicale de nos jours... Les peuples les moins civi-

1. J.-J. Virey, V° *Instinct* in *Dict. des Sciences médicales,* xxv, 384.
2. Pline, *H. N.,* xxvii, 2, éd. Littré, 11, 226.

lisés possèdent ainsi une sorte de richesse médicale indigène, dont les effets sont surprenants et dont les nations policées ont souvent fait leur profit [1] ».

Cabanis avait noté avec soin l'influence de la maladie sur les sens et particulièrement sur le goût et l'odorat, source des appétits et des désirs. « Des sympathies particulières, dit-il, ient les organes de chaque sens avec divers autres organes, dont ils partagent les affections et dont l'état influe sur le caractère des sensations qui leur sont propres... L'odorat et les organes de la génération ont entre eux des rapports sympathiques particuliers. Mais entre le canal intestinal et l'odorat les rapports ne sont ni moins étroits, ni moins étendus ; et si divers états maladifs des organes de la digestion peuvent dénaturer les impressions des odeurs, plusieurs maladies du bas-ventre abolissent entièrement la faculté de les recevoir. Quant au goût, personne n'ignore que sa manière de sentir est entièrement subordonné à la conscience du bien-être et du malaise général, surtout au sentiment qui résulte de l'état de l'estomac et des autres parties directement employées à la digestion ; état qui le dirige ordinairement avec sûreté pour le choix et la quantité des aliments, pourvu que l'imagination ne vienne pas égarer cet heureux instinct [2]. »

Nul n'a loué avec plus de chaleur et de conviction que Virey cet instinct de l'organisme qui s'exprime le plus ordinairement par le goût et l'odorat.

« Généralement, dit-il, les substances amères révoltent les sens, mais seulement dans l'état de santé, car il y a des maladies dans lesquelles, au contraire, on recherche l'amertume ; et les substances toniques, telles que le quinquina, agissent souvent ; on en remarque des preuves dans les fièvres intermittentes, dans l'atonie viscérale des femmes chlorotiques. On se sent le goût dépravé et si le vin, le bouillon, le sucre, déplaisent alors, c'est en cela qu'il faut admirer la merveilleuse direction de l'instinct conservateur, parce qu'en effet ces nour-

---

1. P.-A. Cap, *Histoire de la Pharmacie*, p. 11-12.
2. P.-J.-G. Cabanis, *Rapport du Physique et du Moral*, éd. L. Peisse, Paris, 1844, in-8°, p. 528-529.

ritures, convenables pour la santé, sont repoussées dans la maladie où elles nuisent, et au contraire le remède est désiré [1] ».

« Les impulsions des organes digestifs se manifestent surtout par des appétits divers. Quand on se sent la bouche pâteuse, le matin, et de l'anorexie, on cherche ce qui plaît le mieux ; l'instinct guide alors [2] ; on désire en cet état, des substances salées ou acidules pour réveiller le goût. Les salaisons dans les fièvres intermittentes, désirées avec passion par l'instinct des malades, leur ont été très utiles d'après l'expérience [3]. Gallien ne les a pas trouvées moins salutaires en d'autres maladies aussi, comme l'avait remarqué Alexandre de Tralles [4] : de là l'institution de la *drymiphagie* ou de la nourriture de substances *âcres* et de la *xérophagie* ou nourriture de substances *sèches* recommandées en diverses affections par plusieurs savants médecins de l'antiquité.

« Nous avons beaucoup d'exemples de ces *envies* salutaires de l'instinct dans les maladies. Un homme tombait en consomption, il lui prend un désir violent de ne se nourrir que d'huîtres et il recouvre ses forces presque à vue d'œil [5]. Un phtisique désire des fraises qui lui causent un bien-être manifeste [6] ; elles guérissent plusieurs accès de goutte à l'illustre Linné, qui les cherchait avec délices alors. La bière, qu'on refusait à un hydropique ascite, devient pour lui un diurétique si puissant qu'il enleva cette maladie [7]. Un individu atrophié a la fantaisie de sucer des citrons, il en mange jusqu'à quatre livres et il guérit [8]. Degner a vu une dyssenterie bilieuse enlevée par un grand abus de groseilles que fit le malade à l'insu de son docteur. Un autre dyssentérique, ayant aussi une fièvre adynamique, dévore des cornichons au vinaigre, et il est

1. J.-J. Virey, v° *Instinct* in *Dict. des Sc. med.* xxv, 384.
2. Wigan, *Philos.*, p. 58.
3. Schelhammer, *Ars. med.*, t. iii, p. 287 ; Halwig, *obs.*, 135 et *Ephemer. nat. cur.*, an x, obs. 59 ; et *Breslau Sammlung*, 1724, p. 440.
4. Lib. xii, p. 748, etc.
5. Tulpius, *Obs.* Liv. ii, cap. 8.
6. Daniel, *Beytræge*, etc., p. 88.
7. Pechlin, *Obe.* Liv. obs. 63.
8. Panarola, *Pentecost*, l. ii, obs. 38.

sauvé [1]. Un autre se guérit avec beaucoup de choux [2]. Gassendi [3] cite une guérison analogue par des potirons. La bière légère devient une boisson très désirée et utile dans les fièvres aiguës, selon Hagedorn [4] et nous en avons l'expérience aussi par nous-même. La dyssenterie n'est point causée, comme on le croit souvent, par des fruits d'été ; car, au contraire, c'est leur défaut qui l'engendre : aussi les malades les désirent avec ardeur. Les immersions salutaires en l'eau froide n'ont-elles pas été sollicitées par l'instinct, dans les fièvres ardentes ?

« Nous renverrons une foule considérable d'autres faits analogues aux auteurs qui en ont traité avec détail [5]. Quoique nous ne croyons point à la nécessité de souscrire à toutes les envies des femmes enceintes, ou des filles chlorotiques, il est certain cependant que leur économie dénonce quelquefois de vrais besoins par ces appétits dépravés...

« Combien de métastases, de transformations de maladies internes en affections extérieures plus légères s'établissent spontanément et par des impulsions instinctives ! Un homme éprouve une céphalalgie depuis longtemps et qui ne cède à aucun remède : il sent une démangeaison au nez, s'écorche avec un vif plaisir et le sang qui en ruisselle le débarrasse [6]...

« Les efforts instinctifs n'ont presque aucun besoin d'être dirigés ; ils suivent la loi suprême qui préside à l'organisation et à la vie des êtres animés ; ils opèrent par des sentiments, des passions, *des appétits ou des aversions* sans délibérer, sans le concours de notre volonté réfléchie, mais ils n'en agissent que plus sûrement. Tournefort, voyageant dans les montagnes escarpées de l'Orient, sur un cheval, lui abandonnait toujours

1. Œhme, *Med.*, l. II, p. 59.
2. Fabricius, *Sciagraphia historiae... Butisbaci*, p. 32.
3. *Vie de Peyresc*, p. 21.
4. *Centur.*, II, n° 49.
5. Van Swieten, *Comment.*, t. II, p. 231 ; Marcell. Donat, *Hist. mirab.*, l. VI, c. 5 ; Bohn, *Offic. med. dupl. diss.*, III, n° 6 ; Brunner in Daniel, *Beytræge*, II, p. 96 ; Apperley, *Essays of a Soc. at Edinburgh*, t. V, part. 2, n° 46, obs. 185, etc.
6. Mich. Alborti, *De salubritate morbor.*; Rhodius, *Cent.*, II, obs., 41, etc.

les rênes dans les pas les plus difficiles ; il avait observé que cet animal, cherchant sa conservation, posait le pied bien plus sûrement quand on ne le guidait pas et qu'il sentait mieux son aplomb lui-même que le cavalier. Pareillement l'instinct sait ce qui·lui convient ; il sent mieux tout seul ce qui le gêne que ne feraient tous les raisonnements du monde [1] ».

Au reste cette vérité a pu être méconnue, mais elle n'en a pas moins été maintes fois proclamée. Ibn Abbas rapporte ceci : « Le Prophète alla voir un malade et lui dit : — Que désires-tu manger ? — Du porc, — répondit le patient. Et le Prophète de dire aux personnes présentes : — Que celui qui a du porc en envoie à son frère. — Puis le Prophète ajouta : — Lorsque parmi vous un malade a envie d'une chose, il faut la lui procurer. »

« Lorsqu'un malade prend la nourriture qu'il désire et qui est contraire à ce qu'exige son état, elle lui est plus utile ou moins désavantageuse que celle qu'il prendrait contre son gré, fût-elle avantageuse pour lui ; lors même que cette dernière lui eût été favorable, elle ne l'est pas comme le serait la première dont il avait envie. Dès que l'envie du malade est sincère et très prononcée, il est du devoir du médecin de satisfaire au désir qui lui est exprimé [2] ».

En cela, d'ailleurs, l'école arabe ne faisait que suivre le précepte d'Hippocrate qui voulait que le médecin ne cesse d'interroger la nature afin de suivre ses indications et d'appuyer son effort.

Il y a plus, les peuples primitifs eux-mêmes ont conscience de la valeur des enseignements de l'instinct. Dans l'Arcadie, on ne refuse rien au malade de ce qu'il demande, parce que ses désirs en cet état sont des ordres du génie tutélaire [3]. Qu'est-ce que ce génie tutélaire sinon l'instinct qui sort des profondeurs de l'organisme et traduit spontanément ses besoins, puissance en effet éminemment tutélaire ?

1. *Dict. des Sciences médicales*, t. xxv (1818), p. 410-413.

2. **Dr. Perron**, *La Médecine du Prophète*, Alger, 1860, IIIᵉ dev., III s., § 11, p. 147.

3. **Charlevoix**, *Journal d'un voyage dans l'Amérique septentrionale*, III, p. 367.

Le corps vivant n'est pas simple mécanisme à la façon d'une horloge et ne s'explique pas davantage par les seules forces physico-chimiques, mais suppose une force vitale, un dynamisme proprement et spécifiquement biologique [1]. Or, le rôle essentiel de la force est d'organiser la cellule, l'organe, le vivant : fœtus ou adulte, comme celui de l'affinité est d'organiser l'atome et la molécule. Mais on ne saurait concevoir une force d'organisation qui n'essaie pas de lutter contre les forces de destruction. L'instinct de conservation et l'instinct médicinal ne sont précisément que des manifestations ou des aspects de la force vitale organisatrice. L'instinct de conservation, ou, comme l'on dit souvent, la nature, nous avertit du bien par le *plaisir*, du mal par la *douleur ;* l'instinct médicinal, que l'on a appelé parfois la force médicatrice, nous incite au bien par des *appétits*, nous détourne du mal par des *dégoûts ;* les deux instincts conspirent ou plutôt la nature entière tend par tous ses efforts à la santé et à la vigueur. N'est-ce pas déjà ce que disait Hippocrate : *La nature est la vraie médicatrice* [2], et ce qu'il traduisait encore sous cette forme expressive : *L'esprit gouverne sa propre maison* [3].

Pénétré de cette vérité essentielle, Virey écrivait : « Qu'il serait à souhaiter de voir les recherches de la médecine moderne se tourner plus généralement vers les précieuses indications de l'instinct chez l'enfant, l'homme et les animaux ! [4] »

Est-ce à dire que ce soit chose toute simple que d'interroger la nature et ses manifestations instinctives ? Il s'en faut bien. Il y faut au contraire toutes les qualités de l'observateur. On n'arrive enfin à une certitude et à une sécurité que par des expériences renouvelées qui permettent de déterminer les doses maximum et minimum, les moments favorables à l'administration et les moments défavorables et vingt autres circonstances importantes.

<hr>

1. **Saintyves,** *La Force magique. Du Mana des Primitifs au Dynamisme scientifique.* Paris, Nourry, 1914, in-8°, p. 114-120.
2. *Epidem.,* liv. **vi,** sect. 5.
3. *De insomniis.*
4. **Virey.** V° *Instinct* in *Dict. des Sciences médicales,* **xxv,** 369.

La thérapeutique de l'instinct qui devrait constituer le fond du véritable empirisme médical exige déjà toutes les qualités caractéristiques de la méthode expérimentale.

§ IV. L'Exposition des malades sur la voie publique.

Les peuples de l'antiquité se sont parfaitement rendu compte de la nécessité de la tradition et de la comparaison des trouvailles et des découvertes de l'instinct ou du hasard. Il n'eut servi à rien qu'un hasard heureux ou quelque instinct plus vif ou plus développé ait fait découvrir les vertus de l'ellébore. si la tradition n'en eût colporté les bienfaits, fût-ce sous forme mythologique.

« Les Babyloniens, dit Hérodote, transportent les malades sur la place du marché ; car ils n'emploient pas de médecins. Le passant donc s'approche du malade et le questionne sur le mal dont il est atteint, pour savoir si lui-même en a souffert ou s'il a vu quelque autre en souffrir. Tous ceux qui vont et viennent confèrent avec lui et lui conseillent le remède qui les a guéris de cette même maladie, ou qui à leur connaissance en a guéri d'autres qu'eux-mêmes. Il n'est permis à personne de passer en silence devant un malade, sans l'interroger sur son mal [1]. »

Au dire de Strabon, en Lusitanie, « les malades, comme cela se pratiquait anciennement chez les Assyriens, sont exposés dans les rues pour provoquer ainsi les conseils de ceux qui ont été atteints des mêmes maux [2] ». Le même usage semble avoir existé en Espagne et Sozomène nous montre une mère espagnole portant son enfant malade dans toutes les maisons pour voir s'il n'y aurait quelqu'un qui lui indiquât un remède [3].

---

1. Hérodote, I, 197, trad. Giguet, p. 78. Strabon confirme le témoignage d'Hérodote à cette différence près qu'il ne fait pas de cette consultation une loi pour le passant : « Aucun passant, dit-il, n'est assez méchant pour refuser d'indiquer un remède qu'il croirait de nature à sauver le malade qu'il a sous les yeux. » *Geog.*, l. xxvi, c. i, § 20, trad. Tardieu, iii, 317.

2. Strabon, *Geog.*, l. iii, c. iii, § 7, tr. Tardieu, i, 254.

3. Sozomène. *Hist. de l'Eglise*, l. ii, c. vii, trad. Cousin, P., 1676, in-4°, p. 72.

Plutarque considère cet usage comme remontant à l'antiquité la plus reculée et il ajoute : « On prétend même que c'est ainsi que la science médicale, mettant à contribution l'expérience personnelle, a fait de grands progrès [1]. »

Le procédé ne devait pas être sans inconvénient et le pauvre malade risquait fort d'être embarrassé par la surabondance des conseils. Cependant, il pouvait aussi être conduit par une série de réponses concordantes à tenter une médication heureuse et l'on ne saurait douter qu'il ne faille voir dans cet usage un premier essai rationnel de clinique comparée [2].

Ainsi voyons-nous que dès son berceau la médecine, même la plus empirique, dut savoir observer, interroger, expérimenter et transmettre à d'autres les résultats de ces premières investigations. Mais cela se fit en général par deux catégories d'hommes, d'un caractère spécial, les prêtres et les magiciens, qui, les uns et les autres, prétendent s'inspirer de théories et de doctrines mystiques.

---

1. Plutarque, *Si « Cache ta vie » est une maxime bien judicieuse ?* § 2, dans *Œuvres Morales et diverses*, trad. Bétolaud, IV, 645.

2. Gruter a écrit une dissertation spéciale sur ce point : *De incrementis artis medicæ per expositionem ægrotorum in vias publicas et templa.* Lipsiae, 1749, in-4°. Malheureusement je n'ai pu la consulter.

Chapitre second

LA THÉRAPEUTIQUE MAGIQUE

C'est une opinion commune parmi les historiens de la médecine [1] qu'elle a une origine religieuse. On dirait plus justement que son berceau a été entouré d'influences mystiques et beaucoup plus magiques que religieuses.

Nous avons déjà vu que la thérapeutique primitive est en partie instinctive ; que la nature et l'instinct, sous l'influence de nécessités douloureuses, avaient suggéré des médications et des remèdes. Mais les peuples incultes n'agissent pas qu'en vertu de motifs d'ordre positif et pratique, d'impulsions spontanées ; ils s'inspirent aussi de conceptions et de principes d'ordre surnaturel dont l'ensemble constitue la théorie magique.

§ 1. Magie et Religion

Distinguer la magie et la religion n'est pas chose si simple que l'on croirait tout d'abord, ce n'est pas une raison pour les confondre. Apulée, accusé de magie, répondait : « J'ai grande

---

1. K. Sprengel, *Hist. de la Médecine*, trad. Jourdan. Paris, 1815, I, 18-20. — On la trouve d'ailleurs reproduite dans maintes thèses médicales modernes. « La médecine originelle spontanée, dit le Dr A. Bouchinet, est religieuse et sentimentale, la forme scientifique est secondaire et empruntée. » Dr A. Bouchinet, *Des Etats primitifs de la Médecine*. Paris, Carré, 1892, in-8°, p. 86. « Comme toute science, la médecine eut un berceau mystique ; comme toute science, elle évolua d'abord en compagnie des idées théosophiques et religieuses. » Dr P. Bruzon, *La Médecine et les Religions*. Paris, 1904, in-8°, p. 7.

envie de demander à ces savants ce que c'est qu'un *magicien*.
J'ai lu dans beaucoup d'auteurs que ce mot signifie, dans la
langue des Perses, ce que le mot prêtre signifie dans la nôtre ;
en ce cas, quel crime est-ce donc que d'être prêtre ? » Apulée
raillait, il n'ignorait pas que les prêtres d'une quelconque religion traitaient volontiers de magiciens les prêtres des religions
étrangères et ce n'est pas sans malice qu'il cite un passage de
Platon où la magie désigne le culte des dieux. Apulée eût été
sans doute embarrassé à son tour si on lui eût demandé de
distinguer la magie de la religion. De la lecture de son Apo-
logie se dégage cependant cette distinction. Tandis que la
religion ne doit promouvoir et poursuivre que des fins honnêtes
et morales, la magie, indifférente à la moralité, est uniquement
préoccupée de résultats pratiques et n'hésite pas au besoin à
se mettre au service des passions les plus honteuses.

Cette distinction ne saurait d'ailleurs nous suffire ; mais,
d'autre part, il est bien difficile de la préciser sans établir
tout d'abord les définitions des deux termes qui nous inté-
ressent : magie et religion.

La magie est à la fois *une connaissance, un art* et *un culte*
chez les primitifs, et bien qu'on la trouve souvent réduite ou à
peu près à un art, comme chez les sorciers guérisseurs de nos
campagnes, elle n'a vraiment tout son épanouissement que
lorsqu'elle réunit la théorie, l'art et le culte. La magie est
l'ensemble *des doctrines*, *des techniques* et *des sentiments* par
lesquels le primitif explique l'univers, capte et utilise ses forces
invisibles et détermine son attitude mentale vis-à-vis des puissances mystérieuses. On peut enfin la définir une sorte de
physique spirituelle construite sur de vastes et enfantines
généralisations en vue de fins utilitaires [1].

Peut-être sera-t-on frappé dès l'abord par cette idée que la
magie comporte un culte, tout au moins des rites, des incantations, des exorcismes, et sera-t-on tenté d'en inférer qu'elle
ne diffère pas de la religion. C'est une loi universelle chez les

---

1. Pour le développement de cette définition voir P. Saintyves, *La
Force magique. Du mana des primitifs au dynamisme scientifique.*
P. Nourry, 1914, in-8°, p. 9-19.

Primitifs : les médicaments ne sauraient avoir leur pleine efficacité sans les incantations et les rites appropriés. Les guérisseurs de nos campagnes accompagnent encore leurs traitements de prières et de charmes auxquels ils attachent une importance essentielle. Néanmoins, il n'est pas douteux que ces rites et que même le culte magique des sociétés de magiciens ne suffisent pas à constituer une religion. Mais qu'est-ce au juste qu'une religion ?

La religion, dirons-nous, est l'ensemble des *représentations*, des *rites* et des *sentiments* par lesquels les croyants expliquent les origines et les fins, requièrent l'appui des puissances surnaturelles ou mieux idéales et mystiques et déterminent leur attitude affective (crainte, respect, imitation, amour) vis-à-vis de ces mêmes puissances.

Comme la magie, la religion comporte donc trois éléments : 1° une théorie, doctrine ou dogme ; 2° une technique, liturgie ou culte ; 3° une attitude affectueuse et soumise vis-à-vis des êtres et des puissances qui incarnent la sainteté et l'idéal.

La comparaison de ces trois éléments, tant dans la magie que dans la religion, va nous permettre de mieux discerner ce qui différencie ces deux tendances fondamentales du mysticisme.

a) Au point de vue doctrine, la religion ne se soucie de la connaissance de l'homme et de l'univers qu'autant que cette science peut l'aider à formuler des règles de moralité et de spiritualité tant individuelles que collectives. La doctrine qui n'est pas nécessaire au salut n'est pas une doctrine religieuse ; le dogme est avant tout objet de foi et de mérite.

La magie, tout au contraire, s'intéresse vivement à toutes les connaissances qui permettent à l'homme de réussir ici-bas, de rendre les champs féconds ou les malades à la santé. Sa préoccupation de l'au-delà, lorsqu'elle existe, ne comporte ordinairement aucun souci de moralité. La doctrine magique prépare les voies de la science ; le dogme religieux, celles de la théosophie.

b) Le point de vue technique ou plutôt l'aspect culte et rites ne présente pas une moindre différence. La magie procède ordinairement par contrainte ou tout au moins par action directe, dit-on communément [1]. Elle ne vise, en tout cas, que des fins utilitaires : agriculture, chasse, pêche, médecine. La religion procède principalement, ajoute-t-on encore, par propitiation. Nous dirons qu'elle tend surtout à développer les forces de moralité et d'idéalisme.

L'incantation magique, destinée à donner au remède toute son efficacité ou à chasser l'esprit de la maladie, ne vise qu'un but pratique et utile ; rien au-delà. Le culte religieux est au contraire essentiellement établi en vue de fins idéales. La religion autorise les prières pour demander la santé et approuve les pèlerinages aux sanctuaires de guérison ; elle poursuit donc les mêmes fins utilitaires que la magie médicale. Personne ne peut le nier ; mais, ici, la fin poursuivie est subordonnée à des fins plus hautes, à la fois morales et spirituelles. Celui qui demanderait la guérison en vue d'en abuser par la suite, ne saurait être exaucé. Le suppliant doit avoir non seulement la foi, — la magie ne l'exige pas moins, — mais il doit être encore plus préoccupé de son progrès moral et de son salut spirituel que de son retour à la santé. La magie comme la science, le sorcier comme le clinicien, guérissent sans se soucier de ce que leurs clients feront de la santé recouvrée par leurs soins. Les pratiques des sanctuaires de guérison, « malgré leur couleur utilitaire, ne sont en réalité que des rites piaculaires et elles impliquent une adhésion morale humble et soumise au refus possible de la divinité [2] ».

Les théoriciens, qui croient suffisamment distinguer la magie de la religion en disant que la première procède par contrainte

1. La distinction la plus communément reçue, depuis Maury, c'est que la magie procède par contrainte vis-à-vis des puissances mystiques, tandis que la religion procède par prières et supplications. M. Sidney Hartland, dans un ouvrage récent, *Ritual and Belief*, a cru devoir reprendre cette distinction mais avec une nuance importante : La magie, dit-il, agit directement sur les puissances, forces ou esprits qu'elle veut utiliser, la religion demande aux êtres supérieurs d'agir en notre faveur et de nous faire obtenir ce dont nous avons besoin. Son action n'est qu'indirecte.

2. Cf. P. Saintyves, *La Force magique*, p. 18.

et la seconde par propitiation, ne voient pas que cette distinction qui leur est chère ne s'applique qu'aux rites et au culte, alors que la religion est un ensemble d'idées, de rites et de sentiments et comporte non seulement un rituel mais une théologie et une ascèse.

c) Au point de vue de l'*attitude* intérieure, le sentiment religieux incline les fidèles à un idéal de générosité et de noblesse, trop souvent terni dans la pratique par des préoccupations terrestres, mais qui demeure placé en dehors de nous comme une puissance d'attraction et d'ennoblissement ; le senti·nent magique incline le sorcier et le magicien à un idéal de puissance et de domination, le croyant et le dévôt à un sentiment d'égoïsme souvent insoucieux de toute société et de toute moralité. L'homme religieux doit être tout empli de sentiments divins, nobles et désintéressés ; le dévot de la magie n'a que des sentiments humains, égoïstes et froidement utilitaires.

Quel que soit donc le point de vue que l'on envisage, la tendance utilitaire caractérise la magie, de même que la tendance idéaliste caractérise la religion. Cette distinction est incontestablement d'une importance capitale puisqu'elle sert à éclairer à la fois tous les points de contact et de différence entre les trois éléments essentiels de toute magie et de toute religion.

De cette première vérité découle déjà clairement ce corollaire : La médecine mystique fut nécessairement et essentiellement une branche de la magie ; la médecine sacerdotale n'est guère qu'une survivance de la médecine magique. Nullement essentielle à la religion, elle ne s'y incorpore qu'en se spiritualisant et en se subordonnant au bon plaisir des dieux, ou, dans le monothéisme, à la souveraine volonté de Dieu.

Dans l'Afrique du Nord, le médecin ne fut à l'origine qu'une espèce de sorcier. « Le mot *t'ibb* en arabe classique signifie aussi bien magie que médecine ; la médecine est fille de la magie. Même de nos jours, le médecin ne se distingue guère plus du sorcier que la maladie du djinn : tout au moins y a-t-il entre les deux d'insensibles transitions. Les livres de médecine arabe qui sont répandus partout, comme par exemple le *Rah'ma* d'Es Soyoût'i, contiennent autant de recettes magiques que de recettes médicales : les procédés pour expulser les démons y voisinent avec les indications thérapeutiques, les rites de magie sympathique avec l'emploi des simples et les carrés de nombres et de lettres avec les drogues pharmaceutiques. En fait, il est souvent impossible de distinguer le rite magique du rite médical[1] ». Ce qui est encore vrai aujourd'hui dans l'Afrique du Nord l'est encore chez tous les peuples primitifs et l'a été jadis chez les peuples civilisés. Les quatre livres (xxvi à xxix) que Pline consacre spécialement aux médicaments tirés des plantes et des animaux sont emplis de recettes magiques et témoignent hautement de l'origine magique de la médecine.

§ II. Les théories magiques de la maladie : les esprits, le mana, l'âme

Connaissance confuse, participant à la fois de la philosophie et de la science, la magie implique nécessairement des représentations, des principes ou des lois, des signes et des classifications. La force magique, l'âme, les esprits, les démons et les dieux font partie des représentations des magiciens sans toutefois les épuiser. La loi d'analogie, le principe des semblables, ou celui de l'antagonisme, les lois de la contagion apparaissent dès l'aurore de la magie. Les classifications primitives d'où découlent encore aujourd'hui pour nous l'importance du nombre 3, du nombre 4 ou du nombre 7 présentent de même chez les peuples les plus sauvages des développements considérables.

La médecine magique suppose tout cet ensemble de représentations, de lois, de classifications ; aussi ne saurions-nous trop dénoncer ce lieu commun de l'histoire de la médecine qui consiste à considérer la médecine des magiciens comme un pur empirisme.

Empirique le médecin qui emploie un remède sans se former aucune idée des motifs qui l'ont fait adopter ; empiriques les

1. **E. Doutté,** *Magie et Religion dans l'Afrique du Nord.* Alger, 1909, in-8°, p. 36-37.

3

bonnes femmes qui se transmettent des recettes dont l'origine est parfois une ordonnance de la faculté, lorsqu'elle ne remonte pas à Dioscoride ou à Galien ; en revanche nous qualifions de *dogmatique* le sorcier ou le magicien qui s'inspire d'une théorie ou d'une doctrine même incertaine ou fausse. De ce que les hypothèses, les théories, les principes des magiciens impliquent une part énorme d'ignorance, une audace dans la généralisation qui leur est commune avec les enfants, il ne s'ensuit pas qu'ils n'usent pas de leur raison, qu'ils ne procèdent pas selon une certaine logique. Le principe d'analogie sur lequel ils édifient une partie de leur thérapeutique ainsi que leurs autres principes n'a pas encore subi le contrôle de la raison critique et donne trop à l'imagination ; mais il n'en renferme pas moins un embryon de raison et constitue pour eux des principes de raisonnement. Les applications qu'ils en tirent peuvent être déplorables, on ne saurait les traiter d'empiriques. Leur dogmatisme est précritique ; mais c'est un dogmatisme qualifié. Nous en verrons maintes fois la preuve au cours de ce travail.

La façon dont les primitifs expliquent la genèse des maladies, montre admirablement l'importance et le dogmatisme de leurs théories. Certaines maladies reçoivent une explication naturelle, mais le cas est vraisemblablement le moins fréquent [1]. Les maladies relèvent principalement de trois causes : 1° la possession par un être spirituel, âme d'un mort ou démon ; 2° l'envahissement du malade par une puissance mauvaise, de nature impersonnelle ; 3° la perte de la vitalité ou de quelques-unes de ses âmes par le malade.

---

1. Les Cafres admettent des cas où la maladie naît d'elle-même. Fr. Ægidius Müller, (O. Trapp.), *Wahrsagerei bei den Kaffern*, dans *Anthropos*, II, 1907, p. 43. Les Indiens du sud-ouest des Etats-Unis considèrent les malaises qui résultent des températures extrêmes ou sont produits par les plantes, les animaux ou certains autres objets comme tout à fait rationnels pourvu qu'ils ne revêtent pas des formes extraordinaires. Ales Hrdlicka, *Physiological and medical observations among the Indians of Southwestern United States*. Washington, 1908, in-8°, p. 220-221. Pour les Bahima la fièvre est attribuée à des causes tout à fait naturelles. Rev. J. Roscoe, *The Bahima, A cow tribe of Enkole* dans *J. A. I.*, XXXVII, 103.

1° L'explication des maladies par une possession démoniaque ou par l'invasion de l'âme d'un mort, parent, sorcier, a été générale chez les Primitifs [1]. Cette croyance a d'ailleurs subi une évolution régressive où l'on peut distinguer trois étapes :

a) Dans la première phase la possession explique des maladies de toute nature. C'est ainsi par exemple que les Sakalaves expliquent par le Tromba ou l'invasion d'un ancêtre dans le corps du malade, les rhumatismes, la bronchite chronique, l'asthme, les crachements de sang, l'érysipèle, la fièvre paludéenne, etc., etc. [2].

b) Avec les progrès de la civilisation on n'attribue plus à la possession que les afflictions qui comportent des désordres intellectuels ou se manifestent par des mouvements convulsifs, et des automatismes qui montrent une diminution du contrôle intérieur, tels par exemple l'épilepsie, l'hystérie, l'idiotisme, la folie, les délires de la fièvre, les crises de la rage.

c) Dans une troisième phase l'épilepsie, l'idiotie, la folie, la fièvre chaude, la rage, sont décidément rangées au nombre des troubles d'origine naturelle ; mais on continue de tenir pour possédés les malades atteints de troubles nerveux profonds, généralement hystériques et qui se tiennent eux-mêmes pour possédés. Les malheureux atteints de ces tristes maladies soumis à de fausses sensations internes, à des visions ou des hallucinations sensorielles, à des impulsions irrésistibles se persuadent ou se laissent volontiers persuader qu'ils sont possédés, et la persuasion ne manque pas d'affermir et d'accroître la maladie. D'après le rituel romain la possession se caractérise par des prodiges de l'ordre physique et de l'ordre intellectuel qui ne sauraient s'expliquer par les seules forces ou capacités humaines. Cependant même les catho-

1. L.-F.-A. Maury, *La Magie et l'Astrologie dans l'Antiquité et au Moyen Age*, P., 1860, in-8°, p. 256-338. Tylor, *La Civilisation primitive*, tr. fr., P., 1878, II, 162-186. W. G. Black, *Folk-Medicine a chapter in History of Culture*, London, 1883, in-8°, p. 4-14, où l'on trouvera de très nombreux exemples.

2. H. Rusillon. *Un culte dynastique avec évocation des morts*, P., 1912, in-12, p. 104-105.

liques confient de plus en plus ces sortes de malades aux asiles et l'emploi de l'exorcisme se fait de plus en plus rare dans l'Eglise [1].

d) On peut prévoir un temps où dans les pays civilisés on n'expliquera plus aucune maladie par la possession. Ce sera le triomphe de l'esprit scientifique.

Le traitement des pseudo-possédés fut fort variable. L'emploi des moyens violents est certainement l'un des plus primitifs. Les *baksy* ou sorciers kirghises pour guérir les maladies s'efforcent de chasser les démons qui les produisent en fouettant le malade jusqu'au sang et en lui crachant au visage [2]. Les Kalichas chassent aussi le diable à coups de fouet [3]. Chez les Birmans les femmes atteintes d'une espèce de tarentule qui les condamne à une danse perpétuelle sont considérées comme possédées du démon. On leur couvre la tête d'un linge et on les bat avec un bâton, supposant que c'est l'esprit et non pas la femme qui reçoit les coups. Il arrive que l'exorciste *piétine* le corps du patient jusqu'à ce qu'il ait tué le démon [4]. D'autre fois la lutte contre le démon se bornait à un simulacre. On tentait fort souvent d'effrayer l'esprit possesseur par le bruit des chants ou des instruments. Dans ce cas le magicien se faisait accompagner par une bande de cacophones.

On chassait encore les démons par des purifications, bains et ablutions, passage ou balancement à travers un brasier.

1. Hippocrate attribuait déjà la possession à des causes toutes physiques et Plotin avait élevé une admirable protestation contre la théorie de la maladie-possession ; *Ennéades,* liv. ix, trad. Bouillet, ii, 296. Dès le ive siècle, le médecin Posidonius niait la réalité de la possession et disait qu'il n'y a pas de démons qui tourmentent les hommes mais que les démoniaques sont simplement des malades. Cf. Philostorge, *Hist. eccl.,* viii, 10. Mais il fallut encore des siècles de lutte pour faire triompher la doctrine rationnelle. Et ce n'est qu'avec l'étude analytique des automatismes hystériques et des maladies de la personnalité que l'on a vu reculer décidément la théorie de la possession démoniaque.

2. Al. de Levchine, *Description des hordes et des steppes des Kirghiz-Kazaks,* trad. Terry de Pigny, p. 356-358.

3. W. Corn Harris, *The higlands of Ethiopia,* iii, 50-51.

4. Bastian, *Oestl. Asien,* ii, 103 et 152, cité par Tylor, *La Civilisation primitive,* ii, 177.

Les fumigations étaient une sorte de purification par les parfums aromatiques [1], l'usage de l'encensoir dans les exorcismes est un rite du même ordre. En Abyssinie on force le malade à respirer la vapeur de certaines plantes [2].

Mais, quels que soient les traitements employés, leur efficacité était toujours attribuée aux incantations et aux exorcismes. Les Dayaks « ne font cas d'une drogue que si elle a été l'objet de passes mystérieuses, et avec des instructions qui n'en finissent pas, pour savoir comment la prendre, dans quelle position, quelle incantation répéter en la regardant. Ils ne peuvent considérer aucune chose comme précieuse, ou y avoir confiance, si elle n'est reliée en quelque manière au surnaturel [3] ». Ceci ne veut pas dire que l'on ne puisse prendre une herbe quelconque ou une substance quelconque et que rites et incantations suffisent à leur donner telle efficacité que l'on voudra ; mais, étant donné que telle substance contient un esprit bienveillant, on n'obtiendra vraiment un résultat qu'en le contraignant par des pratiques liturgiques. « Pour l'indigène malade, dit M. Nassau, l'herbe médicinale bienfaisante employée par le docteur, et l'esprit qui y est associé et qui lui assure son efficacité (esprit invoqué par ce même docteur) sont des termes inséparables...., il est clair qu'ils regardent les ingrédients qui entrent dans un fétiche (médical) des mêmes yeux dont nous regardons les drogues de notre *materia medica*. Mais il est clair aussi que leurs drogues produisent leurs effets non pas comme les nôtres en raison de certaines propriétés chimiques qui leur sont inhérentes, mais par la présence d'un esprit *dont elles sont le véhicule favori*. Et il est clair encore que cet esprit est amené à agir par les enchantements du docteur magicien [4] ».

« Dans toute action exercée sur un malade, écrit Miss Kingsley, un esprit agit sur un esprit : donc l'esprit du remède agit

1. A. Maury, *loc. laud.*, p. 264-265.
2. Lefebvre, *Etat social des Abyssins* dans les *Nouvelles Annales des Voyages*. Nouv. série, 1, 317.
3. Brooke, *Ten years in Sarawak*, 11, 228-229.
4. Nassau, *Fetichism in West Africa*, p. 81 et p. 162.

sur l'esprit de la maladie. Certaines maladies peuvent se combattre par certains esprits qui sont dans *certaines herbes*. D'autres maladies ne relèvent pas des esprits qui habitent les herbes ; elles doivent être extirpées par des esprits plus haut placés [1]. »

Les médications inspirées par l'idée de possession ont sans doute contribué à l'invention du massage et des fumigations, à l'emploi des bains froids et des bains de vapeur. D'autre part, on ne saurait dire qu'elles ont nui au développement de la pharmacopée.

2° La magie n'admet pas seulement, comme on l'a cru trop longtemps, l'existence des esprits bons ou mauvais, personnels ou semi-personnels ; mais elle enseigne l'existence d'une force impersonnelle, d'une puissance dynamique partout et universellement répandue que l'on a baptisée du nom de *mana*, du nom même sous lequel elle est connue chez les Mélanésiens [2].

« Pour le Fidjien, la maladie est comme un fluide, une influence extérieure qui vient peser sur le malade et même le posséder. Ce fluide ou cette influence peut venir ou des dieux ou des démons ou des vivants ; mais, de causes naturelles comme le chaud et le froid, presque jamais [3]. »

Le *mana* ou la force magique essentiellement neutre ou indifférente par nature peut être employé au bien ou au mal à la volonté du magicien [4]. Certains sorciers ne sont guère adonnés qu'à des œuvres mauvaises ; mais c'est en raison de leur méchanceté. Aussitôt que la force nocive a frappé quelque malheureux, il commence de languir et la maladie suit son cours. La fascination, la jettatura et le mauvais œil ; l'injure, la malédiction et la mauvaise langue permettent au sorcier de projeter le mauvais mana et d'envelopper sa victime de cette influence maligne [5]. Dans l'Inde septentrionale, le choléra est

1. Miss Kingsley, *West African Studies*, p. 153.
2. Sur cette notion, ses différents noms et ses divers aspects chez les primitifs, cf. P. Saintyves, *La Force magique*, p. 20-46.
3. Em. Rougier, *Maladies et Médecines à Fiji, autrefois et aujourd'hui*, dans *Anthropos* (1907), II, 69, 999.
4. Cf. P. Saintyves, *La Force magique*, p. 32-40.
5. Sur la fascination on peut consulter l'énorme enquête de J. Tuch-

attribué à l'influence des fascinateurs [1]. Dans certaines provinces de la France, les maladies causées par le mauvais œil sont appelées *mauvais vent;* dans les provinces de Trévise et de Bellune, on les nomme *cattiva aria* ou *sabotte.* En Italie, le regard des vieilles femmes donne aux enfants la fièvre hectique et la phtisie ; même chose chez les anciens Germains [2]. Chez les Juifs, presque toutes les maladies sont dues au mauvais œil. Au reste, le mauvais regard ou la mauvaise parole tuent aussi facilement qu'ils rendent malades [3].

L'influence mauvaise peut être introduite dans la victime au moyen d'un charme. On appelle ainsi un objet charmé : débris humain, fragment de fruit ou de plante ou tout autre véhicule du mana maléfique. Il suffit d'introduire le charme dans une boisson ou dans un mets.

Il arrive encore que l'influence nuisible pénètre d'elle-même dans la victime sans intervention du sorcier ; la rupture d'un tabou, la manducation d'un totem suffisent à provoquer une invasion subite de la force pathogène.

Selon le cas, le guérisseur devra donc procéder différemment. Dans le cas d'une impiété magique, il faudra d'abord apaiser le totem ou l'esprit offensé ; s'il s'agit de l'introduction d'un charme, on devra le faire évacuer et le détruire ; en cas de fascination, un regard bienfaisant accompagné d'incantation et de purification est de règle.

« Chez les indigènes de l'Australie, les sorciers font sortir de leur propre corps, à la suite de passes et de manipulations, une essence magique appelée *boylya* qu'ils peuvent faire entrer dans le corps d'un individu sous la forme d'un morceau de quartz ; cette essence cause de vives souffrances et détruit la chair ; mais le sorcier qui a pu la faire entrer dans le corps d'un

---

man, dans *Mélusine,* t. II (1884) à t. x (1900-1901) ; F.-Th. Elworthy, *The evil eye,* London, 1895, in-8°, et R.-C. Maclagan, *Evil cye in the western highlands,* London, 1902, in-8°.

1. W. Crooke, *The popular Religion and Folkore Northern India,* 1896, I, 143.

2. Fr. Kasseberg, *De morbis a fascino,* Jéna, 1682 ; Tuchman, *La Fascination* in *Mélusine,* v, 178-186.

3. Tuchman, *Loc. cit.,* v, 228-236.

autre individu peut aussi l'en faire sortir, soit sous forme invisible, soit sous forme d'un morceau de quartz, à l'aide de certaines formules magiques et d'un peu de prestidigitation. Un voyageur raconte même qu'il a vu extraire par les sorciers, sous la forme d'une pierre aiguë, l'esprit des eaux Nguk-Wonga de la jambe d'un gamin qui avait attrapé un érysipèle pour être resté trop longtemps au bain [1]. » Il n'est pas rare, en effet, que l'influence maligne soit personnifiée et nous retombons alors dans le cas de la maladie-possession ; mais ceci ne supprime pas cela. Au reste, le mot esprit chez les primitifs a une signification lâche et incertaine et sert tout aussi bien à désigner une influence spirituelle impersonnelle qu'un esprit personnel. « L'idée que les douleurs sont causées par des corps étrangers incrustés dans les chairs du patient est largement répandue chez les peuples non-civilisés du monde entier, comme on le sait depuis longtemps ; mais on n'a pas remarqué, dit Sir E. Im Thurm, que cette substance étrangère — du moins chez les Indiens de la Guyane — est souvent, sinon toujours, regardée non pas simplement comme un corps naturel, mais comme la forme matérialisée d'un esprit ennemi [2]. » Dans la plupart des cas, il est plus exact de dire que le charme véhicule une force maléfique impersonnelle. L'extraction de cet objet redouté se fait ordinairement par succion, et lorsque l'opération est achevée le magicien prestidigitateur exhibe triomphalement, aux yeux du patient et des témoins, un petit morceau d'os, de quartz, de charbon ou de toute autre substance.

Mais d'une façon générale on lutte contre le mana malfaisant par un mana bienfaisant ; la qualification en est d'ailleurs opérée par les rites et les incantations. Chez les Ba-Ronga, « Nganga, c'est le médecin, mais en tant que soignant avec les drogues plus ou moins secrètes qu'il détient, c'est l'homme des médecines, *wa-mori* (au reste, on le distingue mal du *mongama* ou thaumaturge). Ajoutons que, si la confusion entre médecin et thaumaturge est générale, cela provient de

1. Tylor, *La Civilisation primitive*, II, 190.
2. Sir Edward Im Thurm, *Among the Indians of Guiana*, 1883, in-8°, 333.

ce que la notion de *mori* (médecine) est elle-même très vague. Le *mori* n'est pas seulement la racine médicinale, le simple qui guérit, ce sont aussi les moyens magiques de toutes sortes, entre autres ceux qui changent la volonté. Les Ba-Ronga sont persuadés que si leurs enfants deviennent chrétiens, c'est parce qu'on leur a administré une médecine, un *mori*. C'est un *mori* qui rendra attrayantes les filles délaissées. Tout est *mori* jusqu'à la poudre noire avec laquelle les blancs frottent leurs fourneaux pour enlever la rouille [1] ».

Le magicien lutte contre l'invasion des forces de malédiction, non seulement par des incantations et des contre-charmes mais par tous les moyens qui lui permettent de provoquer un afflux de mana bienfaisant : danses totémiques, infusions de plantes vitalisantes, manducations d'animaux particulièrement riches en mana. La plupart des plantes et des animaux qui furent jadis employés pour provoquer la conception [2], tels que le lotus, la mandragore, le loup, le tigre, furent également utilisés au traitement des maladies, car ils passaient pour engendrer et rayonner la vie.

3° La maladie n'est souvent que la conséquence d'une perte de vitalité, la perte d'une âme, d'une partie d'âme. Chez les primitifs, la notion d'âme personnelle n'apparut qu'à la suite d'une longue évolution. L'âme, au début, se confond avec le principe vital et semble fort apparentée avec le mana ; elle réside spécialement dans le souffle, l'ombre, et le sang ; mais elle se trouve encore en assez notable quantité, soit dans les excreta : lait, salive, sueur, urine, etc., soit dans les parties solides du corps : ongles, cheveux, dents et squelette. Le méchant sorcier pourra ravir l'âme d'un homme en captant son ombre, ou en attirant au dehors l'ombre ou le souffle, par des incantations. Mais il s'efforcera surtout de la blesser par l'envoûtement. Il lui suffira d'avoir quelques excreta ou quelques débris humains pour faire languir le malheureux dont il détient ainsi une portion d'âme.

1. H.-A. Junod, *Les Ba-Ronga*, Neufchâtel, 1898, p. 467-468.

2. P. Saintyves, *Les Vierges-Mères et les Naissances miraculeuses*, Paris, 1908, in-12, c. IV et V, p. 87 et 117.

Chez les Indiens Salistes de l'Orégon, les sorciers se chargent de retrouver l'âme de ceux qui peuvent l'avoir perdue ; ils représentent même cette âme avec un caillou, un petit morceau d'os ou un éclat de bois et ils prétendent la faire rentrer dans le corps du malade en l'introduisant par le sommet de la tête : mais il faut bien avoir soin d'écarter les esprits des morts qui peuvent se trouver dans les cailloux, car s'ils en introduisaient dans le corps du malade, ce serait condamner celui-ci à une mort certaine[1] : « Suivant les insulaires de Madagascar, un malade a perdu son *esprit*, et on charge le prêtre de le chercher. Celui-ci va, la nuit, sur les cimetières, et, tenant son bonnet ouvert, il évoque l'âme du père du malade ; il lui demande où est allé *l'esprit de son fils* ou *de sa fille* ? Il ferme ensuite le bonnet, et court vers le malade en disant qu'il tient l'esprit. Pour le faire rentrer dans le cerveau du malade, il lui met le bonnet ; s'il meurt, le sorcier assure que *l'esprit s'en est retourné* parce qu'on ne l'a pas bien gardé[2]. »

En cas d'envoûtement, il faut découvrir et envoûter l'envoûteur et le contraindre ainsi à livrer le volt qu'il suffira alors de détruire. Si l'on est victime d'un vampire, il est absolument nécessaire de le blesser grièvement et s'il s'agit, non pas de l'âme d'un sorcier vivant, mais de quelque mort assoiffé de sang, il faudra rouvrir sa tombe et consumer le cadavre.

Cette triple théorie de la maladie par possession, par charme ou maléfice, par déficience de la totalité ou d'une partie de l'âme, la variété des traitements qu'on lui oppose, selon le diagnostic, établissent nettement que la médecine magique procède en vertu de théories et de systèmes, et mérite à tous égards le nom de dogmatisme mystique.

§ III. L'invention et la tradition des remèdes. L'extase des magiciens et les sociétés magiques.

Lorsque le magicien a pu reconnaître l'origine de la maladie, il lui reste encore à déterminer le remède et ce n'est pas tou-

1. **Bastian,** *Mensch,* II, 320.
2. *Drury's history Flacourt* dans *L'Esprit des usages et des coutumes des différens Peuples,* Londres, 1785, in-8°, III, 249.

jours chose facile. Mais lorsque le diagnostic a été obtenu par la transe ou l'inspiration rien n'empêche qu'il y recoure encore pour le remède.

L'esprit qui rend malade connaît parfaitement ce qui provoquerait la guérison, il n'y a donc qu'à savoir le faire parler. A Madagascar, le sorcier interroge avec une véritable habileté le mauvais génie qui s'est emparé du malade [1] et le magicien que l'on nomme *fondy* ou *moasy*, c'est-à-dire guérisseur, ne manque guère, lorsqu'il est entrancé et mis en relation avec les esprits, d'indiquer les remèdes nécessaires [2].

« Le *kalanoro* est un homme de la forêt. Jamais on ne l'a vu, mais tout le monde en parle ; on certifie son existence à plusieurs exemplaires et on le décrit : il est petit de taille et semblable à un homme ; mais de longs poils couvrent tout son corps. Au fond, on n'a sur son compte que des renseignements fort vagues. C'est, disent quelques-uns, un homme qui commit un grand crime et qui l'expie maintenant. On l'accuse d'être l'esprit de la petite vérole ; il la donne et il la guérit. Quand il se manifeste, on ne le voit pas. Il mange la viande crue, les crabes crus. Il boit l'alcool. Quand il parle, on doit se tenir à distance et on entend comme la voix d'un homme parlant du nez. C'est un *tromba* exigeant, méchant.

« Nous avons cherché quelqu'un ayant vu ce *kalanoro*, et nous avons fini par trouver un homme qui l'avait invoqué. Il y avait un malade de la petite vérole dans la maison, et pour obtenir sa guérison on se livrait à des incantations. Pour faciliter à l'esprit son apparition on fit dans la case une séparation avec un lamba (pièce d'étoffe) et on attendit en *servani* (chants et invocations). Enfin, on entendit du bruit sur le toit, l'esprit descendit. On lui donna à manger et à boire, on entendit sa voix étrange ; il indiqua, d'une manière bourrue, des remèdes à chercher dans la forêt (plantes et racines) ; il se plaignit qu'on l'eût dérangé pour si peu et disparut [3]. »

1. H. Russillon, *Un Culte dynastique avec évocation des morts chez les Sakalaves de Madagascar. Le Tromba*, P. Picard, 1912, in-12, p. 128.

2. H. Russillon, *Le Tromba*, p. 107-108.

3. H. Russillon, *Le Tromba*, p. 141-142.

Dans le sud-est de l'Asie, chez les Singphos, le *natzo* ou magicien, que l'on vient chercher pour soigner un malade, demande à son *nat* ou démon, qui est ordinairement l'âme d'un prince étranger décédé, de descendre en lui ; il répond alors aux questions qu'on lui adresse [1].

« Il y a environ un siècle, une négresse de la Guinée, passant pour une femme-fétiche, répondait à ceux qui venaient la consulter. Assise par terre, la tête entre les genoux, les mains sur la face, elle restait dans cette position jusqu'à ce qu'elle fût inspirée par le fétiche, puis elle se mettait à respirer bruyamment et à écumer. Alors celui qui venait la consulter pouvait lui adresser les questions auxquelles il cherchait une réponse : « Mon ami ou mon frère guérira-t-il de sa maladie ? » « — Que te donnerai-je pour que tu te charges de le guérir ? » et autres questions analogues. La femme-fétiche répondait d'une voix faible et sifflante en se servant du vieux idiome. Elle ordonnait, par exemple, de tuer un coq blanc et de l'exposer à un carrefour où se croisent quatre chemins, où bien d'attacher ce coq pour que le fétiche puisse venir le prendre, ou bien encore, d'enfoncer dans le sol une douzaine de chevilles de bois, pour y fixer en même temps la maladie de son ami [2] ».

Mais si l'esprit médecin, le conseiller surnaturel n'est pas aussi complaisant que les *nats* des Singphos, ou le fétiche de la négresse de Guinée, il y a heureusement des moyens d'entrer en relation avec lui. Le sorcier patagon commence par battre du tambour et par agiter sa crécelle, jusqu'à ce qu'il soit saisi par une sorte d'attaque nerveuse feinte ou simulée ; cette attaque prouve que le démon est entré dans son corps, et le sorcier est prêt alors à répondre à voix presque basse aux questions qu'on lui adresse. Les danseurs du démon, chez les sauvages Veddas de Ceylan, dansent jusqu'à ce qu'ils se sentent possédés d'une espèce de folie, c'est alors seulement qu'ils ont les inspirations nécessaires pour guérir les malades [3].

---

1. **Bastian**, *Oestl. Asien*, II, 328 et III, 201 ; **Roemer**, *Guinea*, p. 59, cités par Tylor, *La Civilisation primitive*, II, 173.

2. **Rœmer**, *Guinea*, 57, cité par Tylor, *La Civilisation primitive*, II, p. 175.

3. **Tylor**, *La Civilisation primitive*, II, p. 172-173.

Au reste, les primitifs n'ignorent pas les vertus somnifères, enivrantes ou hallucinatoires, de certaines plantes ou de certaines préparations végétales. Les frictions et les fumigations destinées à procurer une sorte de délire extatique sont d'usage courant parmi les sorciers. Les prêtres de Mexico oignaient leur corps d'une pommade fétide, quand ils voulaient, disaient-ils, converser avec la divinité. La base en était le *tabac* et une semence moulue qu'ils appelaient *ololuchqui ;* mais il y entrait bien d'autres ingrédients comme cendres ou poussière d'insectes réputés venimeux. Le tabac engourdissait leur sensibilité et la semence d'*ololuchqui* provoquait une sorte d'état délirant éminemment favorable aux visions [1]. Insensibilisés et endurcis, ils pouvaient alors se livrer à des danses qui achevaient de les mettre dans un état extatique durant lequel on pouvait sans doute les interroger au sujet du malade.

La pommade qu'employait les sorciers du xvi⁰ siècle et qui provoquait chez eux un sommeil profond pendant lequel ils croyaient se rendre au sabbat, était à base de *belladone* ou de *jusquiame*, de *datura stramonium* ou d'un mélange de ces solanées [2]. Ceux qui employaient ces onctions pour se procurer les joies du sabbat n'étaient plus d'ailleurs au xvi⁰ siècle que des demi-initiés ou les survivants d'une époque où les sorciers pratiquaient encore un culte. La belladone infusée dans le lait ou l'hydromel, administrée aux épileptiques ou aux danseurs de Saint-Guy, afin de les guérir de leur danse en les faisant danser, procurait aux sorciers l'aptitude à soutenir des courses et des danses longues et fatigantes, préparatoires à une sorte d'ivresse prophétique. Le datura leur donnait la faculté de pivoter sur eux-mêmes à la façon des derviches tourneurs, ce qui, bien entendu, aboutissait au même résultat. Il est très vraisemblable que ces préparations furent employées dans des réunions périodiques où l'on dansait, tournait et pratiquait l'initiation des néophytes ; les visions du sabbat chez les

1. **Acosta**, *Histoire des Indes Occidentales*, l. v., ch. 26, trad. fr. P., 1618, p. 256-257.

2. **E. Salverte**, *Des Sciences occultes,* P., 1829, in-8⁰, ii, p. 9-12. **E. Gilbert**, *Les Plantes magiques et la sorcelleric*, Moulins, ch. iii à v, p. 37 à 62.

dormeurs du XVI⁰ siècle n'étaient que des rêves suggérés par les souvenirs traditionnels de ces réunions réelles. Les loups-garous qui couraient jadis aux nuits solstitiales, Noël et Saint-Jean, étaient également des survivants de ces réunions liturgiques. Le sorcier durant son initiation se croyait changé en loup ou en lièvre, en chat ou en chien noir, évidemment sous l'influence d'une boisson ou d'un mets belladoné [1]. On lui ceignait d'ailleurs les reins d'une lanière faite du cuir de l'animal à la confrérie duquel il devait désormais appartenir. Dans la pratique médicale ordinaire, sorciers et sorcières, j'entends les convaincus du moyen-âge, qui voulaient diagnostiquer une maladie et formuler un remède, n'ignoraient donc pas comment se procurer l'inspiration nécessaire.

Les indiens Huichols, du Mexique, ont en vénération l'hikuli *(Lophophora Williamsi)*, sorte de cactus sacré à fleurs flagrantes, auquel ils rendent un véritable culte : « Cette plante, lorsqu'on l'absorbe, réjouit l'organisme humain et calme toutes les sensations de faim et de soif. Quand elle est fraîche, elle a un goût écœurant et légèrement aigre ; mais elle est merveilleusement rafraîchissante pour ceux qui ont supporté une grande fatigue. Non seulement elle fait disparaître toute trace de cette fatigue ; mais, après l'avoir prise, on se sent désireux d'agir. Sur ce point, elle ressemble à la coca péruvienne ; mais, contrairement à cette dernière, elle laisse une certaine dépression, ainsi qu'un mal de tête. Bien qu'un Indien éprouve les sensations de l'ivresse après avoir mangé une certaine quantité d'hikuli, et que les arbres dansent devant ses yeux, il garde son équilibre même mieux que dans son état normal et il peut marcher sur le bord d'un précipice sans éprouver de vertige. Pendant les fêtes nocturnes, alors qu'on boit abondamment du tesvino et de l'hikuli, nombre d'assistants rient et pleurent alternativement. Un autre effet remarquable de cette plante, c'est de faire disparaître pour le moment tout désir sexuel. C'est là sans doute la raison pour laquelle les Indiens, par une manière de raisonner primitive, curieuse, imposent l'absti-

1. E. Gilbert, *Les Plantes magiques*, p. 44.

nence de toutes relations sexuelles, comme partie nécessaire du culte de l'hikuli.

« Les Tarahumares apprécient à tel point l'effet produit par cette plante, qu'ils lui attribuent le pouvoir de donner santé et longue vie et de purifier l'âme et le corps. Les petits cactus, frais ou secs, sont réduits en poudre, dans le « metate », pendant qu'on les mêle à de l'eau ; et c'est sous cette forme de liqueur que l'hikuli est absorbé.

« L'hikuli sert aussi comme remède externe, pour les morsures de serpents, les blessures, les brûlures et le rhumatisme : dans ce cas, on le mâche ou simplement on l'humecte dans la bouche et on l'applique sur la partie malade. Non seulement il guérit la maladie, en la faisant fuir, mais il fortifie aussi le corps, pour qu'il puisse résister à la maladie, et, pour cette raison, on l'emploie souvent pour écarter la maladie... Selon la tradition, quand Tata Dios s'en alla au ciel, au commencement du mor le, il laissa l'hikuli derrière lui, comme le grand remède du peuple. L'hikuli a quatre figures et il voit toutes choses [1] ».

La cueillette de l'hikuli est une véritable cérémonie, et le retour des chercheurs d'hikuli au village se célèbre par une fête bruyante, on joue des hymnes de bienvenue à la plante et l'on sacrifie une chèvre en son honneur. La nuit suivante se passe en danses solennelles autour de l'hikuli et des feux allumés pour la circonstance. Sur la fin de la fête, le shaman et ses assistants boivent de la liqueur d'hikuli, et parfois en font boire à tous les assistants. Lumholtz, qui fut admis à goûter à ce breuvage sacré, le compare à une sorte de café puissamment excitant [2]. On ne saurait d'ailleurs douter que l'usage de l'hikuli remonte à une haute antiquité [3].

Le kola au Sénégal, le kawa en Polynésie, sont des plantes vénérées et l'on en tire également des élixirs de vie et de santé, propres d'ailleurs à favoriser l'inspiration médicale. Le colatier,

1. C. Lumholtz, *Unknown Mexico*, London, 1903, in-8°, p. 358 à 360 et 361.
2. C. Lumholtz, *Unknown Mexico*, p. 375.
3. C. Lumholtz, *Unknown Mexico*, p. 378-379.

que les Sousous appellent *l'arbre d'or*, est l'arbre sacré et vénéré. Les lois du pays punissent de mort tout individu qui ferait subir une détérioration à l'un de ces arbres. Tous les colatiers sont chargés de gris-gris (amulettes) bien en vue, pour en éloigner les mal intentionnés. Le plus grand plaisir que l'on puisse faire à un chef, c'est de lui offrir des noix de kola. La couleur des noix offertes a pour lui une signification. Les kolas blancs signifient amitié et sympathie ; les rouges, aversion et antipathie [1].

On retrouve de semblables pratiques, même dans les religions véritables, telles que le Brahmanisme et l'Orphisme. On ne saurait douter que le soma et le vin ont été des élixirs de vie, à la fois inspirateurs et guérisseurs [2].

L'ivresse extatique des magiciens a-t-elle véritablement enrichi la pharmacopée, on ne saurait le dire ; il a pu arriver évidemment qu'elle conduise à un choix inattendu et bienfaisant, mais le cas doit avoir été rare. Il est d'ailleurs probable que le sorcier en transe, ou en demi-extase, ne faisait qu'appliquer automatiquement les principes qui l'inspiraient ordinairement dans son choix, principe de sympathie ou principe d'antagonisme, et qu'il conseillait quelqu'un des rémèdes dont la tradition lui avait prescrit l'usage. C'est ainsi que les sorciers de l'Europe occidentale, entrancés ou non, conseillaient le gui du solstice d'hiver, les herbes de la Saint-Jean, la feuille et le fruit du noyer, récoltés au solstice d'été, et vingt autres plantes cueillies dans ces jours consacrés.

Il n'est pas douteux en tout cas que sorciers et magiciens acquièrent avec le temps un petit trésor de connaissances médicales, composé essentiellement de recettes sacrées qu'ils se transmettent religieusement. Les shamans des tribus sibériennes choisissent, pour les élever dans leur profession, les enfants sujets aux convulsions ; cette profession tend d'ailleurs à devenir héréditaire dans les mêmes familles, en même temps

1. C' Boul, *Les Dépendances du Sénégal*, dans *Rev. maritime et coloniale*, LXXXV, (1885), p. 42, 55-56.

2. Sur le soma, panacée enivrante, voir Cordier, *Médecine hindoue*, p. 29-30.

que les prédispositions épileptiques qui l'accompagnent toujours [1]. » Le sauvage des environs de la Cayenne, qui veut être médecin, passe d'abord dix ans [2] chez un ancien piaie qui l'instruit, et qui observe s'il a les qualités nécessaires. Quand le temps de l'épreuve est arrivé, on prescrit au novice un jeûne si rigoureux qu'il ne lui reste plus de force. On lui révèle les mystères de l'art, qui consistent en évocations et on le fait danser jusqu'à ce qu'il tombe sans connaissance. On le ranime en lui appliquant des ceintures et des colliers de grosses fourmis noires, et, à l'aide d'un entonnoir, on lui injecte dans les entrailles un grand vase de jus de tabac. Cette médecine lui cause des évacuations de sang qui durent plusieurs jours ; on le revêt ensuite de la puissance de guérir ; mais il doit jeûner pendant trois ans, et ne manger, la première année, que du millet et de la cassave ; on lui permet, la seconde, d'y ajouter des crabes ; et la troisième, de petits oiseaux ; les liqueurs fortes lui sont interdites. On ne l'appelle auprès d'un malade, que lorsqu'il a fini ce cours d'épreuve [3]. Les hommes médecins indiens appartiennent ordinairement à des sociétés de magiciens, dont ils forment même le degré le plus élevé et le plus secret, comme chez les Ojibwas [4]. Les initiés au quatrième degré, véritables médecins herboristes, étaient instruits de toutes les recettes et secrets traditionnels. Chez les Cherokees, les formules magiques ou médicales étaient mises par écrit, et les manuscrits qui contenaient ces formules, confiés aux soins des membres des sociétés secrètes constituées par les shamans [5]. Les sorciers de nos campagnes se transmettaient, eux aussi, de semblables grimoires. Le *Petit Albert* et l'*Enchiridion* du pape Léon, en donnent d'ailleurs

1. Georgi, *Reise im russ. Reich.*, I, 280.

2. Il doit avoir plus de vingt-cinq ans.

3. *Voyage équinoxial de Biet*, dans *L'Esprit des usages et des coutumes des differens peuples*. Londres-Paris, 1785, in-8°, t. III, p. 242-243.

4. W. J. Hoffmann, *The mide'wiwin or Grand medicine Society of the Ojibwa*, dans *7th Annual Rep. of Bur. of Ethnology for 1885-86*, Washington, 1891, p. 164.

5. J. Mooney, *The Sacred formulas of the Cherokees*, dans *7th Annual Repr. of Bur. of Ethnol.*, p. 309 et seq.

une idée suffisante. Les prières magico-religieuses s'y mêlent aux recettes de magie naturelle dans un désordre chaotique. L'enseignement oral et la tradition écrite complètent l'enseignement et la tradition des grimoires manuscrits.

Qu'il se soit trouvé par cette voie des vérités utiles, il faut bien l'admettre, d'autant qu'il n'y a guère, en Europe, de recettes de bonne femme ou de sorcier dont on ne puisse trouver l'origine dans Dioscoride ou dans Galien, quand ce n'est pas dans quelque papyrus de l'antique Egypte. La tradition, pour avoir été transmise par des ignorants plus ou moins affiliés à des sociétés secrètes, a, reconnaissons-le, revêtu souvent un caractère frappant d'empirisme ; mais nous ne saurions oublier qu'à l'origine, apparaissent des systèmes et des théories, tout un dogmatisme sacré, qui fut d'abord lui-même la science de sociétés secrètes admirablement organisées.

Chapitre III

LA THÉRAPEUTIQUE SACERDOTALE

§ 1. La Mythologie médicale

Le langage ne se développe que par la multiplication des mots et la précision croissante de leur signification ; mais cela ne peut se faire, cela ne s'est pas fait, sans qu'il s'ensuive quelque confusion entre la chose nommée et le mot qui la désigne. Pour le primitif, le nom est une partie essentielle de l'être, l'une de ses âmes ou une partie de son âme. Le nom d'un dieu est une partie de cet esprit ; le nom d'un homme, une partie de son âme ; le nom d'un animal, d'une plante, d'un objet quelconque, une partie de leur vertu ou de leur vie. Nommer un être c'est émouvoir une partie de cet être, c'est aussi l'évoquer ; mais, s'il en est ainsi, comment donc s'étonner que nommer un être ce soit presque nécessairement le personnifier ? Ce que Max Muller appelait une maladie du langage est un balbutiement et une évolution de la pensée.

La liturgie magique, avec ses appels réitérés, ses invocations infinies ne pouvait manquer d'aboutir à des personnifications innombrables. Et comme les incantations médicales occupaient la plus grande place dans la liturgie magique, on ne manqua point de personnifier tout d'abord les remèdes.

Non seulement on s'adressait au remède au moment de l'administrer afin de l'obliger à opérer efficacement, — on distinguait assez mal d'ailleurs le véhicule et la vertu qu'il renfermait, — mais la cueillette était accompagnée d'incantations où le nom de la plante revenait comme un leit-motiv. Dans l'Atharva-Véda, le prêtre-magicien s'adresse aux plantes comme à des personnes : ce sont les filles d'un dieu ; elles ont un roi, le roi Soma (*Asclepias acida* ou *Sarcostemma viminale*). Il les invoque et les supplie ; on peut dire qu'il les divinise.

« 1. Les brunes et les blanches, les rouges et les mouchetées, les plantes au teint sombre, les noires, toutes, nous les invoquons. — 2. Qu'elles sauvent l'homme que voici de la maladie envoyée par les Dieux, elles dont le Ciel est le père, dont la Terre est la mère, dont l'Océan est la racine, les Plantes ! — ... 4. Celles qui jonchent, les touffues, celles qui n'ont qu'une enveloppe, les Plantes qui vont rampant, je les invoque, elles rayonnent, se divisent en nœuds, s'épanouissent en rameaux ; j'implore en ta faveur les Plantes qui relèvent de tous les Dieux, les puissantes qui font vivre les hommes. — ... 8. Aliment d'Agni [1], embryon des Eaux [2], celles qui croissent en rajeunissant les fidèles aux mille noms, qu'elles soient salutaires, appliquées ici. — ... 10. Les libératrices qui écartent le mal de Varuna, les puissantes qui détruisent le poison et celles qui anéantissent la consomption, et celles qui neutralisent les sortilèges, qu'elles viennent ici, les Plantes ! — ... 12. Miel en est la racine, miel la pointe, miel le milieu ; miel en est la feuille, miel la fleur ; pour qui les mange elles sont un aliment de miel et d'ambroisie ; qu'elles se laissent traire et épanchent le beurre et tous les dons nourriciers de la vache. — 13. Toutes tant qu'elles sont sur terre, que les Plantes aux mille feuilles me sauvent de la mort et de l'angoisse. — ... 17. Les plantes qui relèvent des Angiras [3] qui croissent sur les montagnes et dans les plaines, laitières et propices nous soient-elles salutaires au cœur ! — 18. Les plantes que je connais et celles que je vois de mes yeux, les inconnues et celles qui nous sont familières et dont nous savons l'indication. — 19. Toutes, toutes les plantes, qu'elles écoutent ma parole, afin que nous tirions

1. En tant que bois à brûler.
2. C'est-à-dire « Filles des Eaux » en tant que l'eau les fait croître.
3. Ici les Angiras apparaissent comme des agents bienfaisants, mais le cas n'est pas rare.

du mauvais pas l'homme que voici. — 20. Et, parmi les plantes l'açvattha, le darbha, le roi Sôma [1], libation d'ambroisie, le riz et l'orge guérisseurs, fils du Ciel, immortels ! — 21. Vous vous élevez, quand Parjanya tonne et mugit, ô plantes, filles de Prçni [2], et vous arrose de son fluide fécondant. — ... 22. Le sanglier connaît la plante, l'ichneumon connaît le simple ; les plantes qui connaissent les Serpents et les Gandharvas [3], je les appelle au secours de cet homme. — ... 24. Celles qui relèvent des Angiras et que connaissent les aigles et les faucons célestes, celles que connaissent les oiseaux, les flamants et tous les volatiles, celles que connaissent les fauves des bois, je les appelle au secours de cet homme. — 25. Toutes celles que paissent les bœufs et les vaches, que paissent les chèvres et les brebis, puissent-elles t'apporter protection, appliquées ici ! — 26. Toutes celles où les hommes experts en l'art de guérir reconnaissent un remède, toutes ces panacées, voici que je te les apporte. — 27. Celles qui s'épanouissent en fleurs ou en épis, celles qui portent des fruits et celles qui n'en ont point, toutes, qu'elles se laissent traire comme des mères, pour le salut de l'homme qui souffre [4]. »

Et cet hymne n'est pas unique, on en citerait vingt autres. Dans *le chant du médecin*, la Sômalatâ, plante d'où l'on extrait le Sôma, est complètement personnifié : « 17. Autrefois, lorsque les plantes descendirent du ciel, elles dirent : Par nous, tout homme qui tiendra encore à la vie sera guéri de son mal. 18. O Sômalatâ [5], la plus précieuse de ces plantes aux centuples espèces, tu es la meilleure de toutes, toujours prête au désir,

---

1. Le sôma est la liqueur du grand sacrifice védique et la sômalatâ la plante d'où on l'extrait par pressurage. Elle est dite reine des plantes, de là le titre consacré de « roi Sôma ». Le sôma est, d'ailleurs, étranger à la liturgie propre et surtout à la magie des Atharvanas, en sorte que la mention qui en est faite dans leur hymne n'a guère que la valeur d'un simple ornement poétique.

2. Parjanya, dieu spécifique de l'orage. Prçni est la vache « tachetée », la nuée, mère des Maruts (génies de l'orage).

3. Génies célestes.

4. V. **Henry**, *La Magie dans l'Inde antique*, P. 1909, in-12, 2ᵉ éd., p. 56-58.

5. *Asclepias acida* ou *Sarcostemma viminale*.

toujours douce au cœur. 19. Plantes gorgées de sôma, disséminées sur la surface du globe, déposez, à la prière de Br'haspati, toutes vos vertus dans cette plante que je tiens. 20. Ne concevez point d'aigreur contre moi qui vous déracine, ni contre celui pour lequel je vous arrache. Que chez nous, bipèdes et quadrupèdes restent bien portants. 21. O vous qui entendez ma parole, et vous, plantes lointaines, accourez toutes ; et mettez votre puissance entière dans ce simple que je tiens. 22. Les plantes parlent ainsi à leur reine, la Sômalatâ : « Quand un brahmane a besoin de nous, ô reine, nous le sauvons. » 23. O Sômalatâ, tu es la reine incontestée ; les arbres sont soumis à ton autorité ; qu'ils soient également soumis à la nôtre, celui qui cherche notre mal [1].

Bien entendu, le sôma, le suc de la Sômalatâ, la liqueur des libations, a été personnifiée et divinisée [2], de même le haôma des Parsis, autre liqueur de libation qui dans l'*Avesta* converse avec Zoroastre [3]. Euripide ne dit-il pas que Bacchus « est offert en libation aux autres dieux [4] » ou encore que « l'on remplit une mesure de Bacchus [5] ». Ce n'est pas là, comme le pense M. Decharme [6], une confusion née de tardives considérations philosophiques, mais le rappel d'une très curieuse tradition alors que l'on considérait encore Bacchus comme le vin de la libation personnifié.

Les remèdes, sous l'action de la liturgie, devinrent donc des démons bienfaisants ou des dieux. Aux environs de Péluse, les Egyptiens avaient érigé en l'honneur de la *Scille* un temple où elle était adorée sous le nom de Krommuon [7]. En Tunisie, la salsepareille est appelée Mabroûka et qualifiée de « princesse, fille de prince ». C'est dire qu'elle est considérée comme un

1. *Rig Veda*, v, 3, d'après A. Cordier, *Etude sur la Médecine hindoue*, P., 1894, in-4°, p. 34.
2. *Rig. Veda*, ix, 96, 5, B. 1.
3. C. de Harlez, *L'Avesta*, P., 1881, in-4°, p. 288-289.
4. *Bacchantes*, 284.
5. *Iphigénie*, l. 953.
6. P. Decharme, *La Critique des Traditions religieuses chez les Grecs*, P., 1904, p. 282-283.
7. Kurt Sprengel, *Histoire de la Médecine*, i, 59.

génie. Lorsqu'on l'introduit dans une maison, on pousse les cris de joie habituels dans les fêtes. Celui qui se traite avec elle, doit, pendant la durée du traitement, se faire servir par une jeune fille avenante, entretenir des musiciens, se vêtir de rouge, n'employer à sa table que de la vaisselle neuve, ne pas montrer de mauvaise humeur... Le moindre manque d'égard exciterait la colère de Mabroûka qui se vengerait cruellement [1].

On connaît le pouvoir déificateur de la liturgie sur les objets rituels et sur les rites [2]. Chez les Finnois, le bain lui-même, *Anterelor*, est regardé comme un dieu, le dieu de la santé. Les Finnois primitifs ne connaissaient d'autres remèdes à leur maladie que le bain. *Antérinen* est la chaleur de la vapeur du bain personnifiée. De peur qu'elle ne nuisît aux blessures ouvertes, les Finnois la conjuraient par des paroles magiques appelées *l'Oylyn Sanat*. Les blessures étaient d'ailleurs protégées par *Anterelloin*, la déesse suprême du bain, *Loylxjn-Haldia* [3].

Les nymphes Anigrides, qui avaient leur antre près du fleuve Anigris, ne sont qu'une personnification de la vertu de ses eaux sulfureuses et des rites qu'on y pratiquait. « Ceux qui ont des dartres, dit Pausanias, viennent faire leurs prières à ces nymphes, leur promettant un sacrifice et s'imaginant ensuite qu'ils n'ont qu'à se frotter (avec l'eau du fleuve) et à passer le fleuve à la nage pour être, non seulement sains de corps, mais nets de toute tache [4]. »

La force magique ou, plus précisément, la vertu médicatrice, n'appartenait pas qu'aux eaux et aux plantes ; mais aussi aux astres dont l'influence sur les hommes apparaissait éclatante. Apollon, qui personnifie la lumière du soleil ou encore sa force magique, force redoutable et rayonnante, qui s'échappait du cœur du dieu comme des flèches, fut invoqué contre la peste

1. E. Doutté, *Magie et Religion dans l'Afrique du Nord*, p. 367, note.
2. P. Saintyves, *Les Saints successeurs des Dieux*, Paris, Nourry, 1907, in-8°, p. 157-172.
3. Léouzon Le Duc, *La Finlande, son Histoire primitive, sa Mythologie*, P., 1845, in-8°, I, xciv.
4. *Voyages*, v, 5.

dont il était l'auteur [1]. La liturgie, pour l'apaiser et reconnaître
son pouvoir de guérir les fléaux qu'il engendrait, lui donna les
noms de Péon et d'Akesios, qui signifient médecin. Et, grâce
à une sorte de bourgeonnement mythique, ces surnoms qui
exprimaient et contenaient une partie du pouvoir guérisseur
d'Apollon donnèrent des dieux distincts : Péon, le médecin des
dieux, et Akesios, l'aide d'Asklépios. Le nom qui exprime
l'office, ou mieux, la vertu, la force, la capacité qui permet de
le remplir, correspond précisément à cette vertu, à cette force,
à cette capacité et la contient en partie. Il a suffi que dans un
sanctuaire l'on ait prétendu qu'Apollon se manifestait particulièrement sous son aspect de guérisseur ou de restaurateur de
la santé, de Péon ou d'Akesios, pour que, peu à peu, le nom
qui exprime ce rôle remplisse l'horizon du temple et que du
chant des hymnes, de la fumée des sacrifices, surgisse comme
un dieu nouveau.

Les chefs, les bons sorciers, les héros ne mouraient pas
tout entiers et leur âme, d'ailleurs éphémère, pouvait persister
longtemps si les prières et les sacrifices prolongeaient leur
existence. Lorsque ceux-ci avaient, durant leur vie, guéri et
soulagé des malades, les fidèles avaient une double raison de
les invoquer et de leur sacrifier. L'âme, la vertu, la force de
ces héros bienfaisants, ou tout au moins une partie de cette
vertu et de cette force, l'une de leurs âmes, s'incarnait volontiers
dans les animaux souterrains et particulièrement dans les serpents. Le fait est quasi universel. Le serpent, à Rome, en
Grèce et dans l'Egypte ancienne, était un esprit protecteur,
incarnait un ancêtre, comme cela a encore lieu dans presque
toute l'Afrique et en particulier à Madagascar. Lorsque le
serpent incarnait quelque prêtre-médecin, quelque héros guérisseur, quelque divinité médicale, il ne manquait pas de per-
pétuer leur office et de guérir à son tour. Asklépios ou Esculape

1. Apollon, père d'Asklépios, a été regardé par les Grecs comme
l'inventeur de la médecine : Pindare, *Pythiq.* ode v, 85, dit qu'il apprend
aux hommes les moyens pour guérir les maladies ; Euripide, *Alceste*,
985, croit qu'il a enseigné les remèdes aux Asclépiades. Dans Ovide,
Metam, 1, 521, Apollon se glorifie proprement d'avoir inventé l'art
médical.

n'est que l'un de ces serpents bienfaisants que la liturgie a divinisé [1]. Asklépios, tour à tour homme, serpent et dieu, rappelle le papillon tour à tour chenille et chrysalide ; mais plus heureux que le papillon, il fut dieu durant plus d'un millénaire [2].

La liturgie ne s'est pas contentée d'ailleurs de diviniser Asklépios, elle a personnifié presque toutes ses fonctions. Epioné, son épouse, dont le nom signifie « celle qui adoucit les maux », ses filles Hygie, la santé ; Iasé, la guérisseuse ; Panacée, l'universel remède ; Eglé, la lumineuse (la lumière qui guérit) ; Télesphoros, celui qui apporte la fin des maux, le génie de la convalescence ne sont que des aspects du dieu individualisés par la liturgie et maintenus dans son entourage par la théologie sacerdotale.

Les maladies ont été, elles aussi, personnifiées par le langage magico-religieux, appuyé par la liturgie des conjurations. En vertu de la croyance au pouvoir évocateur des noms, on évitait de nommer les maladies dans la conversation courante ; mais il n'en était pas de même dans les incantations conjuratoires. Les

1. Sur les serpents consacrés à Asklépios, **Pausanias**, II, 28.

2. Asklépios, s'il fallait en croire Pausanias, ne serait qu'une personnification de l'air salubre. « Je me souviens, dit-il, que dans l'Asklépieion d'Egine j'eus une dispute avec un homme de Sidon. Il prétendait que les Phéniciens l'emportaient de beaucoup sur les Grecs, parce qu'ils savent que Asklépios n'est autre chose que la bonne température de l'air, principe de la santé, soit pour l'homme, soit pour les animaux. A l'égard d'Hélios, qui est le soleil même, il est dit à bon droit le père d'Asklépios, parce qu'en fournissant sa course annuelle, il règle les saisons et donne à l'air ce juste tempérament qui en fait la salubrité. Je lui répondais qu'il avait raison, mais que là-dessus les Grecs pensaient tout comme les Phéniciens et la preuve que je lui en donnais, c'est qu'à Titane, en Sicyonie, une même statue représente Asklépios et la Santé. Et que le soleil soit le père de la vie, c'est une chose, lui disais-je, qui est connue de tout le monde, même des enfants. » **Pausanias**, VIII, 23. — Ce n'est là qu'une exégèse sacerdotale ; il n'est pas impossible qu'Asklépios soit la personnification d'un Apollon-serpent. Son nom, qui signifie : exercer la bienfaisance ou pratiquer l'humanité, pourrait bien n'avoir été, à l'origine, qu'une épithète du soleil souterrain. Il serait alors, par rapport à Apollon, un peu ce qu'est Sérapis par rapport à Osiris. Dans ce cas, Asklépios aurait été, tour à tour, dieu, serpent et dieu, de même que Sérapis fut, tour à tour, dieu, bœuf et dieu.

démons des épidémies : variole, peste, choléra en Asie et ailleurs, sont des personnifications qui doivent beaucoup à la liturgie. Les Romains n'honoraient-ils pas encore Febris et Méfitis ? Angenoria est-elle autre chose qu'une personnification de l'angine ? Mais il faut reconnaître qu'en général, les personnifications de la maladie furent peu nombreuses. On s'est souvent étonné de la possibilité de semblables personnifications. Cicéron se moquait déjà du culte que ses concitoyens rendaient à la *fièvre* [1]. Pas plus que les mythographes contemporains, Cicéron n'avait saisi le ressort puissant et réaliste de ces sortes de personnifications. Je me suis moi-même demandé jadis comment on avait pu s'abuser sur la réalité de personnages de caractère abstrait et qui nous semblent purement symboliques [2]. J'ai invoqué le génie des métaphores, que les dieux me pardonnent ! En réalité, les vertus morales elles-mêmes ne sont pas des choses abstraites ; la colère par exemple est bien une laide réalité et les maladies sont des réalités on ne peut plus concrètes. Le mot qui les exprime contient, nous l'avons déjà dit, une partie de leur puissance ; on pourrait presque dire qu'il la condense ; de là ces personnifications qui nous stupéfient [3].

La religion, qui doit tant à la magie au point de vue rituel, s'en distingue nettement par ses tendances idéalistes et morales. Sous leur influence les personnifications spirituelles se séparent en deux catégories, les bons et les mauvais esprits, démons bienfaisants et démons malfaisants. Bien entendu, les démons malfaisants, qui devinrent par la suite tout simplement les démons, continuèrent de passer, même dans les religions, pour de grands distributeurs de maladies et de maléfices. La plupart des Pères de l'Eglise attribuaient les maladies aux démons ; et

---

1. *De natura Deorum*, III, 25.

2. *Les Saints Successeurs des Dieux*, p. 321.

3. Je ne puis m'étendre ici sur ce point capital. Mais son importance est éclatante. La mythologie ne deviendra une science que lorsqu'elle pourra exprimer par des lois les genèses divines (lois de personnification) et les genèses des thèmes mythiques (lois des thématisations). Sur ce dernier point, cf. P. Saintyves, *La méthode en mythologie* dans *Revue des Idées*.

cette doctrine est loin d'avoir disparu parmi les chrétiens de nos jours [1]. Cette doctrine ne se confond pas d'ailleurs avec celle de la possession. Il s'agit plutôt d'une influence démoniaque semi-physiologique, semi-spirituelle, que l'on devra combattre par des prières spéciales, l'imposition des mains, des aspersions d'eau bénite, des onctions d'huile consacrée.

Les dieux proprement dits sont des personnifications bienfaisantes et tel est le cas des divinités médicales [2]. Néanmoins les dieux conservent de leur origine magique des sentiments prompts et une nature irritable et c'est une opinion commune d'attribuer les maladies à la colère des dieux [3]. Qu'il s'agisse de Iaveh ou de Zeus, des divins Héros du paganisme, ou des Saints protecteurs du christianisme, il n'est pas bon de les froisser ou de les heurter, car ils répondent aux injures par les coups et pratiquent parfois la vengeance avec une violence et une âpreté toutes terrestres. Au reste, il suffit de leur déplaire ou de leur manquer d'égards pour qu'ils vous envoient quelque fièvre, quelque plaie, ou quelque langueur. Le saint ou le dieu qui guérit une maladie déterminée est souvent aussi celui qui la donne. Sous l'influence des idées morales, on vit parfois cette double aptitude se diviser: C'est ainsi, dans l'Inde, que la déesse de la variole, fille de Parvatti, se scinda en deux personnalités : Kali qui donne la variole et Marie-Ammé qui défend de la variole [4]. Mais n'allez pas vous moquer d'un saint uniquement réputé comme guérisseur ; il vous enverra très bien la maladie qu'il est censé ne savoir que guérir. De telles croyances obligent le malade à recourir aux prêtres, qui, mieux que le magicien, peuvent exorciser les démons, détruire ou anéantir leur influence et qui, seuls, savent les prières et les hymnes qui apaisent les dieux et les persuadent de nous secourir.

1. **Abbé G. Desfossés**, *Le Démoi , cause et principe des maladies, moyens de les guérir*, 4ᵉ éd., P., 1899, in-12.

2. On ne peut donner ici une énumération même abrégée des divinités médicales des principales religions, qui logiquement devrait inclure la foule infinie des saints guérisseurs. On trouvera déjà de sérieuses indications dans **P. Saintyves**, *Le Discernement du miracle*, p. 284-296.

3. **Kurt Sprengel**, *Hist. de la Médecine*, I, 45.

4. **Dr Ch. Valentino**, *Notes sur l'Inde*, P., 1906, in-12, p. 205.

§ 11. L'Iatromancie : Les Songes et l'Incubation

Quelles étaient au juste les ressources positives de la médecine sacerdotale? Nul n'ignore la vertu lénitive et apaisante des prières et de la liturgie et la force de suggestion qu'elles comportent. Dans un sens très réel ce sont bien là des ressources positives ; mais nous nous préoccupons moins ici de médecine que de pharmacie. Nous savons d'ailleurs de façon assurée, que les prêtres d'Esculape ou de Sérapis employaient des remèdes et usaient de médicaments ; mais d'où leur venaient leurs connaissances en matière médicale et comment se transmettaient-ils cette connaissance ?

D'aucuns n'ont pas hésité à répondre que la pharmacopée primitive est le fruit d'une révélation divine. Et le Dr Imbert-Gourbeyre, qui fut un savant estimable et professeur dans l'une de nos écoles de médecine, n'en doutait pas [1].

En fait l'iatromancie fut universellement pratiquée. Elle a beaucoup servi pour le diagnostic et le pronostic des maladies. Est-il exact qu'elle ait contribué à la découverte de nombreux remèdes ?

Les songes ont toujours passé pour avoir une valeur prophétique et l'antiquité classique nous fournit quelques exemples de révélations médicales sponta ées survenues durant le sommeil.

« Jusqu'à nos jours, dit Pline, la morsure du chien enragé, qui cause la crainte de l'eau et l'aversion pour toute boisson, était incurable ; *récemment*, la mère d'un garde prétorien reçut en songe l'avis d'envoyer à son fils la racine du rosier sauvage nommé cynorrhodon, dont la vue l'avait frappée agréablement

---

1. « Et à voir le grand nombre des médicaments connus de l'antiquité, on est en droit de se demander si l'homme, dans le cours des siècles, a pu arriver sans intervention divine à une science déjà si étendue. Je ne le pense pas... Sans doute il faut faire la part de l'homme qui, sujet à la maladie, dut s'ingénier à trouver le remède ; mais il faut faire aussi la part de Dieu et elle a été grande. De là, révélation primitive dans l'ordre naturel et intervention divine répétée. » Dr Imbert-Gourbeyre. *Discours sur les origines chrétiennes de la médecine,* Clermont-Ferrand, 1886, grand in-8°, p. 2. Et il explique également par la révélation, l'emploi des poisons comme médicament, *ibid,* p. 3.

la veille dans un taillis, et de lui en faire boire le suc. Ceci se passait dans la Lusitanie, partie de l'Espagne la plus proche de nous. Le hasard fit que le soldat, mordu par un chien, reçut la lettre où sa mère le priait de suivre cet avis divin, alors qu'il commençait à éprouver de l'horreur pour l'eau ; il obéit et fut sauvé contre toute espérance, ainsi que l'ont été depuis tous ceux qui ont essayé du même remède [1]. »

« Ptolémée, général d'Alexandre le Grand, blessé par une flèche, que l'on supposait empoisonnée, était en danger de mort, dit-on, quand le roi eut un songe : Il crut voir pendant son sommeil un homme s'approcher de lui. Cet homme tenait à la main une racine avec sa tige et ses feuilles, et, en la lui montrant, il lui recommandait d'en exprimer le suc et d'en faire une application sur la plaie du blessé. A peine réveillé, Alexandre, se rappelant toutes les circonstances de son rêve, s'était mis en quête de la précieuse racine, et, l'ayant trouvée (sans grand' peine du reste, car elle croît fort abondamment dans les déserts des Orites), il en avait fait usage avec succès pour Ptolémée et pour d'autres blessés. De leur côté les Barbares, frappés de la découverte miraculeuse de ce contre-poison, étaient venus en foule apporter leur soumission au roi [2]. »

Ces deux traits ne sont pas, il est vrai, à la gloire des songes errants. Depuis lors on a maintes fois voulu vérifier la vertu des racines du rosier sauvage et les malades sont morts [3]. Quant au songe d'Alexandre, il se pourrait fort bien que ce fût un conte inventé à plaisir. Strabon, à qui nous avons emprunté ce récit, ajoute : « Il est probable que quelque indigène instruit des propriétés de cette plante avait livré son secret à Alexandre ; mais par flatterie on crut devoir ajouter un peu de merveilleux à la réalité [4] ».

1. Pline, xxv, 6., éd. Littré, II, p. 168. Cf. Pline, VIII, 63.
2. Strabon, *Géog.*, l. xv, ch. II, § 7, tr. A. Tardieu, III, 270.
3. Trolliet, *Traité de la rage*, p. 359.
4. Strabon, *Loc. cit.* Quinte-Curce plus crédule ne met pas le fait en doute et lui conserve toute sa beauté. « Alexandre ne fut pas sitôt couché qu'il s'endormit d'un profond sommeil, et après qu'il fut réveillé, il raconta qu'il avait vu en songe un dragon qui portait une herbe à sa

Il est vrai qu'Elien nous rapporte encore une histoire de ce genre arrivée à la future amante de Cyrus. Aspasie de Phocée, encore enfant, fut affligée d'une tumeur au menton qui la défigurait. Son père, « Hermotine, la fit voir à un médecin qui promit de la guérir moyennant trois statères : Je ne les ai pas, lui dit Hermotine ; et moi, dit le médecin, je n'ai point de remèdes à vous donner. Aspasie, justement attristée de cette réponse, sortit en pleurant. Un miroir, dans lequel elle ne cessait de se regarder, augmentait encore son affliction. Dans cet état elle ne put souper. Cependant un sommeil favorable s'empara de ses sens ; elle vit en songe s'approcher d'elle une colombe qui, prenant la figure d'une femme, lui tint ce discours : Prenez courage : laissez-là médecine et remèdes ; mettez en poudre quelques roses sèches d'une des couronnes consacrées à Vénus et appliquez-les sur votre mal. A peine Aspasie eut-elle entendu ce conseil, qu'elle se hâta de le suivre, et sa tumeur disparut. Ainsi, par la faveur de la plus belle des déesses, elle redevint la plus belle des filles de son âge [1] ».

Mais cette fille avait l'habitude de songer et il s'agit bien plus ici d'un charme mystique, véhicule du pouvoir guérisseur de Vénus, que d'un remède. Comme Mnésiclès construisait les propylées de l'Acropole, ayant fait un faux-pas, il se laissa tomber du haut de l'édifice et l'on désespérait de sa vie. « Périclès en était très affligé, lorsque la déesse, lui ayant apparu en songe, lui indiqua un remède qui procura à cet homme une prompte guérison. En reconnaissance de ce bienfait, Périclès fit faire en bronze la statue d'Athéna Hygieia (qui donne la santé) et la plaça dans la citadelle près de l'autel qu'on y voyait auparavant [2]. » — « Je dois aux dieux, dit Marc-Aurèle, de m'avoir indiqué en songe différents remèdes, surtout pour mes

gueule, qu'il lui avait présentée comme le contre-poison de leurs blessures et le remède contre ce venin. Il dépeignait même la couleur de l'herbe, assurait qu'il la reconnaîtrait s'il la voyait ; et comme on se mit à chercher de toutes parts, quelqu'un en ayant trouvé il l'appliqua sur la plaie dont la douleur fut apaisée à l'heure même et Ptolémée guérit en peu de jours. » Vie d'Alexandre, l. IX, § 8, éd. Nisard, p. 329.

1. Elien, *Histoires diverses*, l. XII, ch. I.

2. Plutarque, *Périclès*, 22, trad. Ricard, I, 339.

crachements de sang et mes étourdissements, comme il m'est arrivé à Gaëte et à Chrèse [1]. »

Nous ne pouvons contrôler aujourd'hui la valeur de remèdes sur lesquels on ne nous dit rien ; mais de tels rêves, nés d'une préoccupation obsédante, ne pouvaient guère que remettre en mémoire, évoquer dans l'esprit du dormeur, un souvenir médical enfoui dans la mémoire ou qui s'y était inscrit à son insu. Le rêve bat souvent le rappel des enregistrements inconscients. Le sommeil concentre et exalte la sensibilité physique et permet souvent de percevoir des sensations internes ou externes d'une incroyable ténuité [2]. Il ne paraît pas que le sommeil permette au même degré de discerner les appétits cachés, les inclinations pour telle ou telle nourriture. Et l'on ne peut pas dire que les informations oniromantiques ont beaucoup enrichi la pharmacopée.

En est-il de même des rêves provoqués par l'incubation ? L'importance, l'ampleur, l'antiquité, la persistance de cette pratique nous oblige à nous y arrêter quelque peu.

Le rite de dormir dans un sanctuaire afin d'obtenir d'être guéri par la divinité ou par le saint, ou tout au moins d'obtenir dans un songe les indications médicales capables de produire le résultat souhaité, remonte incontestablement à la magie et aux primitifs [3]. « Dans l'Ouroundi, outre les petites cases destinées aux mânes (*ikigabiro*), il y a l'enceinte sacrée dite *ikitabo* (de *kutaba* : offrir, sacrifier). Elle consiste en un espace rond, tracé sur le sol, de deux à trois mètres de diamètre. Au milieu, est planté un *ficus*. On y étend de l'herbe fine et blanche, dressée comme un lit. L'esprit national est ainsi invité à venir s'y reposer. Les malades vont s'y asseoir et même y dormir pour obtenir leur guérison [4]. »

L'incubation fut largement pratiquée dans l'antiquité par les

---

1. Marc-Aurèle, *Pensées*, I, 17.

2. Hervey de Saint-Denis, *Les Rêves et les Moyens de les diriger*, Paris, 1867, in-8°, p. 355-365.

3. A. Van Gennep, *C.-R. de Mary Hamilton* dans *Rev. des Trad. pop.*, XXII (1907), p. 184, en donne divers exemples.

4. A. Le Roy, *La Religion des Primitifs*, P., 1909, in-12, p. 292.

peuples méditerranéens [1]. Ses origines, en Egypte, sont obscures, mais il est fort probable que, là comme ailleurs, l'incubation se pratiqua tout d'abord, soit sur les tombeaux des morts, soit dans les sanctuaires primitifs des divinités chtoniennes [2].

Isis, divinité sidérale, fut incontestablement considérée comme déesse des morts et guérisseuse. Aussi, la voyons-nous identifiée avec la déesse Miritskro, parèdre chtonienne de l'Amon thébain, représentée fréquemment sous forme de serpent, forme caractéristique des divinités souterraines [3]. Sans pouvoir préciser à quelle époque et sous quelle influence la pratique de l'incubation commença dans les temples isiaques, nous savons qu'elle y fut couramment pratiquée : « Selon les Egyptiens, écrit Diodore de Sicile, Isis a inventé beaucoup de remèdes utiles à la santé ; elle se plaît à guérir les maladies, elle se manifeste aux malades sous sa forme particulière et apporte en songe des secours à ceux qui l'implorent ; enfin, elle se montre comme un être bienfaisant à ceux qui l'invoquent. A l'appui de leur opinion, *ils citent, non pas des fables*, comme les Grecs, mais des faits réels et assurent que le monde entier leur rend ce témoignage, par le culte offert à cette déesse pour son art dans la guérison des maladies. *Elle se montre surtout aux souffrants pendant le sommeil, leur apporte des soulagements et guérit d'une façon surnaturelle ceux qui lui obéissent. Bien des malades, que les médecins avaient désespéré de rétablir*

---

1. H. **Couring**, *Disputatio de Incubatione in fanis deorum, medicinæ causa olim facta*. Helmstaed, 1654, in-4°. — H. **Meibomius**, *Exercitatio philologico-medica. De Incubatione in fanis deorum medicinæ causa olim facta*. Helmstaed, 1659, in-4° de 40 p. — **Brendel**, *De Incubatione*. Vittemberg, 1701, in-4°. — **Kindorling**, *Der Somnambulismus unserer Zeit mit der Incubation der Alten in Vergleichung gestellt*. Dresde, 1788, in-8". — **Rittershahn**, *De medicinische Wunderglauben und die Incubation im Alterthum*, 1878. — L. **Deubner**, *De Incubatione*. Lipsiae, 1900, in-8°. — H. **Lechat**, V° *Incubatio* in Daremberg et Saglio, *Dict. des Antiq. gr. et rom.* P., 1900, III, 458-460. — Mary **Hamilton**, *Incubation or The Cure of disease in pagan temples and christian churches*. London, 1906, in-8°.

2. **Bouché-Leclercq**, *Histoire de la Divination*, III, 275, 319.

3. **Maspéro**, *De quelques Cultes et de quelques Croyances*, dans *Etudes de Mythologie et d'Arch. égypt.*, II, 402-405.

ont été sauvés par elle ; un grand nombre d'aveugles et d'estropiés guérissaient quand ils avaient recours à la déesse [1].

Sérapis, dont le culte prit naissance sous les Ptolémées, dieu chtonien par excellence, fut aussi essentiellement une divinité médicale et iatromantique [2]. Originaire de Memphis, où s'élevait son plus ancien temple [3], Sérapis eut rapidement de nombreux sanctuaires où les malades venaient dormir et rêver. Une inscription commentée par Egger l'atteste pour Memphis : « Moi, Aristylles, je dédie cet allumeur de lampe, considérant que je me trouvai mal aux mains du dieu, car, bien que j'aie suivi les rêves du temple, je n'ai pas pu obtenir la santé [4]. » Le temple de Canope, dit Strabon, est « l'objet de la plus profonde vénération pour les cures merveilleuses dont il est le théâtre et auxquelles les hommes les plus instruits et les plus considérables sont les premiers à ajouter foi, car ils y envoient de leurs gens pour y coucher et dormir à leur intention quand ils ne peuvent y venir coucher et dormir en personne [5] ». Mais le principal oracle de Sérapis fut à Alexandrie. Nous voyons le dieu, en courtisan consommé, envoyer ses malades à Vespasien, et ce prince, étonné, guérir en un tour de main, un aveugle et un estropié [6].

L'émigration, dans le monde gréco-romain, du couple Isis-Sérapis, commencée dès le temps de Ptolémée Philadelphe, y

---

1. Diodore de Sicile, *Bibl. Hist.*, I, 25 ; trad. Hoefer, I, 127.

2. [Jo.-Dan.] Major, *Serapis, radiatus medicus Ægyptorum deus ex metallo et gemma Kilonii*, 1685, in-4°. — Bouché-Leclercq, *La Divination dans l'Antiquité* (1880), III, 377-395. — E. Preuschen, *Monchtum und Sarapiskult Giessen*, 1903, in-8°.

3. W. Brunet de Presles, *Mémoires sur le Sérapéum de Memphis*, 1852, in-4°. — Mariette bey, *Choix de Monuments et de Dessins découverts ou exécutés pendant le déblaiement du Sérapéum de Memphis*, 1856, in-4°. — A. Mariette, *Le Sérapéum de Memphis*, 1866, in-f°.

4. *Revue achéologique*, 1860.

5. Diodore de Sicile, *Bibl. Hist.*, l. XVII, c. I, 17, trad. Tardieu, III, 422-423.

6. Tacite, *Hist.*, IV, 81 ; Suétone, *Vesp.*, 7.

multiplia les Sérapéions [1]. Dans tous ces sanctuaires se pratiquait l'incubation [2].

La divination appliquée à la médecine a tenu une place considérable dans l'histoire médicale de la Grèce. Exercée d'abord au nom des divinités telluriques, puis transmises par le centaure Chiron, fils de Kronos, aux dieux Olympiens, et représentée depuis lors par le fils d'Apollon, Asklépios, elle a, durant huit siècles, souvent consolé et parfois guéri les malades qui se pressaient dans ses sanctuaires [3].

Les oracles plutoniens de l'Asie Mineure, Limon, Hierapolis, Acharaca, sont sortis des cavernes qui jadis conduisaient chez les morts. L'iatromancie est sœur de la nécromancie. « On dit que les malades, écrit Strabon, et ceux qui font cas de ces médications divines se transportent [au charonium d'Acharaca] et logent dans le bourg, près de l'antre, chez des prêtres expérimentés qui pratiquent l'incubation à leur place et ordonnent des traitements d'après leurs songes. Ce sont ces gens-là qui invoquent l'assistance divine. Souvent aussi ils conduisent leurs clients dans la grotte et les y installent à demeure dans l'immobilité comme en une fosse, et sans nourriture pendant plusieurs jours. Il arrive que les patients font eux-mêmes des rêves, mais ils ont recours aux prêtres pour les interpréter et les conseiller. Pour tous autres, ce lieu est inaccessible et funeste [4].

Dionysios, incarnation des forces telluriques, avait un oracle iatromantique à Amphilkleia, en Phocide [5]. A Trézène, Pan, né de la terre, donnait également des conseils médicaux par incubation [6]. Mais ce fut surtout avec le culte d'Asklépios que se développa en Grèce la divination médicale [7]. De bonne

1. G. Lafaye, *Hist. du culte des divinités d'Alexandrie: Serapis, Isis, Harpocrate et Anubis hors de l'Egypte*, P., 1883, in-8°.
2. Birger Thorlaccius, *De somniis Serapicis præcipue ex Aristidis orationibus sacris delineatis*. Copenhague, 1813, in-4°.
3. Bouché-Leclercq, *La Divination dans l'Antiquité*, I, 321, et III, 275.
4. Strabon, *Géog.*, XIV, 1, 44.
5. Pausanias, X, 33.
6. Pausanias, II, 32 et II, 10.
7. Sur le culte d'Asklépios et les Asklépieia en général : N. Fréret,

heure, on octroya le titre de guérisseur *(iatros)* à ce héros divin et, peu à peu, il absorba tous les héros locaux qui avaient à leur actif quelques cures heureuses.

Trikka est le foyer primitif du culte d'Asklépios ; mais l'école Thessalienne vit ses élèves ou ses imitateurs essaimer en grand nombre dans le monde grec. Panofka, vers 1845, comptait déjà quatre-vingt-dix sanctuaires d'Asklépios et, depuis, la science épigraphique a porté ce nombre à près de deux cents, rien que dans le monde grec.

Le plus célèbre des sanctuaires du Péloponèse fut établi près de la ville d'Epidaure, dans une vallée ravissante, parmi des bois de pins et de lauriers peuplés d'abeilles et de colombes. L'incubation y était la méthode réglementaire. Le malade, préparé par des jeûnes, des fumigations, des bains, tout étourdi de sa visite aux *ex-voto* et du récit des miracles qui en était le commentaire obligé, s'endormait en songeant au dieu et à son cortège divin, à son épouse Epioné, à ses filles Hygieia, Iaso, Panacée, Æglé, à son aide ordinaire, Akésios. Le malade, ainsi que nous le montre le *Curculion* de Plaute, passait la nuit entière dans le temple [1]. Tantôt, le dieu lui envoyait un

Sur la nature du culte rendu dans la Grèce aux héros, particulièrement sur celui d'Esculape, dans *Mém. Acad. Inscrip.,* xxi (1747), p. 28-35. — Geucke, *De templis Æsculapii græcis,* Lipsiae, 1790. — L.-P.-A. Gauthier, *Recherches hist. sur l'exercice de la médecine dans les temples de l'antiquité,* Paris-Lyon, 1844, in-12 de x-264 p. — Th. Panofka, *Asklepios und Asklepiadea,* 1845. — R. Brieu, V° *Asklepeion* in *Daremberg et Saglio,* 1873, I, 470-472. — Von Sallet, *Asklepeion und Hygieia,* Berlin, 1878. — Dr Vercoutre, *La médecine sacerdotale dans l'antiquité grecque,* Paris, 1886, in-8° de 42 p. (extrait de la *Rev. arch.).* — Dr Courtois-Suffit, *Les temples d'Esculape : la médecine religieuse dans la Grèce ancienne,* dans *Arch. gén. de méd.,* xi (1891), p. 576. — Alice Walton, *The culte of Asclepios* dans *The Cornell studies in classical Philology.* Ithaque (N. Y.) 1894, p. 95 sq. — P. Valette, *Les sanctuaires d'Asklépios et les guérisons miraculeuses en Grèce* dans *Bibl. univers. et Revue Suisse,* civ[le] (1899), p. 98-119. — Th. Lefort, *Notes sur le culte d'Asklépios* dans *Le Musée belge,* ix (1905), p. 196-221 ; x (1906), p. 21-38, 101-126. — G.-G. Porro, *Asclepio, saggio mitologico sulla medicina dei Greci,* Milano, 1911, in-12 de 180 p. — Ch. Michel, *Le culte d'Esculape dans la religion populaire de la Grèce ancienne,* dans *Rev. d'Hist. et de Litt. relig.* Nouv. série, I (1910), p. 44-65.

1. Plaute nous montre un marchand d'esclaves, qui a la fièvre et les

songe que le malade, à son réveil, conta.. aux prêtres chargés d'interpréter ces visions ; tantôt, le dieu seul ou accompagné du chien ou du serpent apparaissait réellement, faisait lécher le malade ou lui administrait directement quelque autre remède. La théophanie remplaçait alors avantageusement l'iatromancie. Elien rapporte, d'après Hipys de Reggio, une merveilleuse opération du dieu d'Epidaure. Durant l'une de ses absences, les prêtres, ayant coupé la tête d'une malade pour lui retirer un ver d'une grandeur extraordinaire, ne pouvaient la recoller. Asklépios, revenu, la remit sur le tronc et renvoya la femme pleine de vie [1]. A côté de ce miracle, particulièrement merveilleux, Asklépios opérait couramment des guérisons remarquables. Près du temple, on voyait une rotonde en marbre blanc appelée Tholos, dans l'enceinte de laquelle se trouvaient un grand nombre de colonnes dont les inscriptions clamaient la gloire du dieu. Pausanias dit qu'il a vu « dans l'enceinte sacrée six stèles posées debout, sur lesquelles étaient inscrits, en dialecte dorien, les noms des malades guéris par Asklépios, la maladie de chacun et la façon dont il avait été guéri [2]. Une rare bonne fortune nous a fait retrouver de nombreux fragments de ces stèles et a permis de reconstituer deux d'entre elles à peu près en entier. La première contient le récit de dix-neuf miracles, la seconde en relate vingt-trois [3]. On ne saurait donc s'étonner si le sanctuaire d'Epidaure s'enrichit rapidement et devint si prospère qu'il fut pillé tour à tour par des pirates et par des rois, et si sa popularité résista longtemps aux formidables assauts du christianisme [4].

viscères du bas du ventre enflés, passant toute sa nuit, et d'ailleurs vainement, dans le temple d'Epidaure. Il a bien vu le dieu mais celui-ci n'a pas voulu l'approcher.

1. Elien, *Hist. Animal.*, IX, 33.

2. Pausanias, II, 27.

3. Les inscriptions découvertes par M. Kavvadias ont été publiées par lui dans l'*Ephém. archéolog. d'Athènes*, 1883, p. 199, et 1885, p. 1 sq. — Depuis, elles ont pris place dans les *Inscript. Grecæ*, IV, n⁰ˢ 951 et 952. M. S. Reinach les a traduites dans la *Rev. archéol.*, 1884. II, 78 sq. et 1885, I, 265 sq., et, après lui, M. H. Lechat, dans *Epidaure*, p. 182 sq. — La traduction de M. S. Reinach a été reproduite depuis par le Dʳ Ch. Daufresne dans sa thèse sur Epidaure, p. 47-60.

4. P. Kavvadias, *Fouilles d'Epidaure*, P., 1891, in-f°. — Defrasse et Lechat,

L'asklépieion de Cos, situé dans un faubourg de la ville n'était vraisemblablement qu'une colonie d'Epidaure. Le dieu y rendit ses oracles durant de longs siècles jusqu'au grand tremblement de terre qui le détruisit, en 155 [1].

Un mime grec d'Hérondas, poète ionien du IIe siècle avant Jésus-Christ, met en scène deux femmes du peuple venant remercier Asklépios dans son temple de Cos pour une guérison : « Salut, roi Péon, qui règnes sur Trikka et qui as pris comme demeure Cos la douce, et Epidaure. Salut aussi à Coronis ta mère, à Apollon et à Hygie que tu touches de ta main droite et aux divinités dont voici les autels vénérés : Panaké, Epioné et Jaso ; salut aussi aux guérisseurs des cruelles maladies Podalirios et Machaon ; et à tous les dieux et déesses qui habitent à ton foyer, vénérable Péon ; viens recevoir favorablement l'humble offrande de ce coq que je sacrifie en action de grâces pour les maladies que tu as écartées en étendant sur nous tes mains bienfaisantes. » Ces pieuses femmes appellent le dieu non pas Asklépios mais Péon, du nom de l'ancien médecin des dieux, probablement aussi de l'ancien dieu guérisseur de Cos, auquel Asklépios s'était substitué peu à peu. A Pergame, les traditions épidauriennes se fondirent avec celles du culte de Sérapis. Il reçut la visite de Caracalla qui, dit Hérodien, « s'y reput de songes tant qu'il voulut [2] ». Aristophane [3], lorsqu'il écrivit son *Plutus*, pouvait bien avoir en vue ce qui se passait dans le sanctuaire d'Athènes [4], tout

Epidaure. Restauration et description des principaux monuments du sanctuaire d'Asklépios, P., 1885. — A.-K. **Dambergis,** *Sur les sources de guérison dans le sanctuaire d'Esculape à Epidaure,* in *Pharmaceutik Post,* 1900, XXXIII, 531 sq. — P. **Kavvadias,** *Sur la guérison des malades au Hiéron d'Epidaure* dans *Mélanges Perrot,* 1903. — M. **Lambert,** *Un lieu de pèlerinages et de miracles en Grèce* dans *Bull. de la Soc. des amis de l'Univ. de Dijon,* VII (1903), p. 21-42. — D^r Ch. **Daufresne,** *Le plus grand pèlerinage de la Grèce. Epidaure, les Prêtres, les Guérisons,* 1909, gr. in-8°.

1. Cf. R. **Herzog,** dans *Arch. Anz.,* 1903, p. 1 sq. ; 186 sq. ; 1905, 1 sq. et dans *Jahreshefte des œsterr. archeol. Inst.,* 1903, p. 215 sq.

2. **Hérodien,** IV, 8, 3.

3. *Plutus,* v. 653-748.

4. P. **Girard,** *L'Asklépieion d'Athènes d'après de récentes découvertes,* P., 1881, in-8°, p. 65-78.

proche : « L'asclepieion d'Athènes était bâti au pied de l'Acropole, qui le défendait contre les brises du Nord. Des jardins l'entouraient, où l'odeur des orangers se mêlait à l'odeur des roses. Des narcisses et des violettes étoilaient les pelouses, où l'eau des fontaines sacrées entretenait une fraîcheur perpétuelle. Un ruisseau se hâtait vers l'Ilissos et lorsqu'on se promenait sous le portique, le regard embrassait le plus merveilleux des panoramas ; au premier plan, la ville en demi-cercle, avec ses vergers, ses bois d'oliviers, ses temples ; plus loin, la campagne avec ses routes blondes, ses champs pleins de cigales ; plus loin encore, Phalère et le Pirée, puis la mer, calme et bleue jusqu'à l'horizon, où le ciel trempait dans son onde la frange de son léger manteau de nuages [1]. » La nouveauté et la beauté du site, la pureté de l'air, la merveilleuse lumière apollonienne, le régime devaient déjà produire maintes cures. Mais à Athènes, comme à Cos et à Pergame et dans les autres asklepieia, une vénérable tradition médicale soutenait et appuyait l'œuvre de la nature, suggérait ou interprétait les songes, en s'inspirant non seulement d'une longue expérience, mais d'une véritable doctrine médicale.

Si nous avions le dessein de relater l'histoire de l'incubation, il faudrait parler de l'invasion des cultes gréco-alexandrins à Rome, des sanctuaires d'Esculape et de Sérapis établis en Italie [2] et dans l'Afrique romaine [3]. Toutefois, il faut donner une mention particulière au temple de l'île tibérine où l'on a retrouvé quatre inscriptions votives qui, d'abord publiées par Mercurialis [4], se trouvent aussi dans le Recueil de Gruter. Elles rappellent étroitement les récits gravés sur les stèles d'Epidaure :

« Dans ces jours, un certain Gaius, qui était aveugle, apprit de l'oracle qu'il devait se rendre à l'autel, y adresser ses prières, puis traverser le temple de droite à gauche, mettre ses cinq doigts sur l'autel, lever la main et la placer sur ses yeux.

---

1. D' P. Bruzon, *La Médecine et les Religions*, P., 1904, p. 110.

2. Schlüter, *De Æsculapio a Romanis adepto*, Arnsberg, 1833. — F. Robiou, V° *Æsculapius* in *Daremberg et Saglio*, I (1873), 124-126.

3. R. Revon, *Le culte d'Esculape dans l'Afrique romaine*, 1910.

4. *De Arte gymnastica*, lib. I, c. I.

Il recouvra aussitôt la vue en présence et aux acclamations du peuple. Ces signes de la toute-puissance du dieu se manifestèrent sous le règne de l'empereur Antonin. »

« Lucius avait une douleur de côté très vive ; tout le monde désespérait de son salut ; le dieu de la santé lui ordonna, par un oracle, de prendre sur l'autel de la cendre avec du vin et d'appliquer ce mélange sur le côté douloureux. Il fut guéri et rendit publiquement grâces au dieu et le peuple s'en réjouit. »

« Julien avait un crachement de sang ; on désespérait de ses jours. Esculape lui ordonna de prendre sur l'autel des graines de pommes de pin, de les mêler avec du miel et de manger pendant trois jours cette préparation ; il fut sauvé et vint remercier le dieu en présence du peuple. »

« Le dieu de la santé ordonna à un soldat aveugle, nommé Valerius Aper, de mêler le sang d'un coq blanc avec du miel, de s'en faire un collyre et de s'en frotter l'œil pendant trois jours ; il recouvra la vue et rendit publiquement grâces au dieu [1]. »

Partout l'on pèlerinait et l'on dormait. Le rhéteur Aristide nous en a laissé un vivant témoignage dans ses Discours sacrés où il nous a conté l'histoire de sa maladie, les visions et les conseils qu'il reçut des dieux et spécialement d'Asklépios et de Sérapis. Atteint d'une maladie de langueur avec accès de somnambulisme, ce fut un sujet de choix ; il n'avait pas besoin d'attendre son réveil pour dicter à haute voix les prescriptions du dieu. Il devait présenter des phénomènes d'autoscopie et avoir une certaine intuition médicale. Toujours est-il qu'au bout de quinze ans, grâce à un secours céleste, il guérit [2].

1. Les inscriptions sont en grec. Hundertmark a publié sur elles un savant commentaire dans sa dissertation intitulée : *De artis medicæ incrementis per ægrotorum apud veteres in vias publicas et templa expositionem*, Leipzig, 1789. Réimprimée dans Ackermann, *Opuscula ad medicinæ historiam pertinentia*. Nuremberg, 1797, in-8°.

2. Sur sa vie et sa maladie : Jo Massonius, *Collectanea historica ad Aristidis vitam ap. Æl. Aristid.*, éd. Dindorf, E. III, p. 1-155. — V. Malacarne, *La malattia tredecennale d'Elio Aristide*. Adriano, Milano, 1799, in-4°. — G. Leopardi, *De vita et scriptis Ælii Aristidis commentarius*, 1814 (opere inedite publ. da C. Cagnoris, 1878, II, 43-80). — A. Schmidt, *De*

L'incubation se perpétue dans le christianisme [1], aux sanctuaires des saints et dans l'Islam, sur les tombeaux des marabouts [2], accentuant même par une sorte de régression son caractère nécromantique ; mais elle ne retrouve plus l'ampleur, le développement, l'organisation qui en firent dans le monde gréco-romain une institution fondamentale.

§ III. Les Enseignements de l'Incubation

L'incubation a-t-elle vraiment fourni des données sérieuses à la thérapeutique et en particulier à la pharmacopée ? Jamblique écrivait : « Dans les temples d'Asklépios, les maladies sont arrêtées par des songes divins. La médecine a été constituée, à l'aide des songes sacrés, par l'observation des épiphanies nocturnes [3]. » Il est bien difficile de le croire. On a beaucoup discuté pour savoir si le sommeil pratiqué dans les temples était un sommeil anormal, somnambulique ou magnétique [4].

On sait que le marquis de Puységur signala, en 1784, l'existence d'un état singulier qu'il était parvenu à produire chez quelques personnes qu'il avait magnétisées ; il avait pu

Aristidis incubatione. Jéna. 1818. — C.-A. Koenig, *Diss. inaug. medica de Aristidis incubatione.* Jenæ, 1818. — C. Bareste, *Quam utilitatem conferat ad historiam sui temporis illustrandam rhetor Aristides.* Paris, 1844. — T.-G. Welcker, *Incubation : Rhetor Aristides* dans *Kleine Schriften,* III, p. 89-156. — W.-H. Waddington, *Chronologie de la vie du rhéteur Ælius Aristide* dans *Mém. Acad. Inscript.,* XXVI (1867), p. 203 sq. — H. Baumgart, *Ælius Aristides als Repræsentat der sophistischen Rhetorik im Zweiten Jahr d. Kaiserzeit.* Leipzig, 1874. — Bouché-Leclercq, *La Divination dans l'Antiquité* (1880), III, p. 299-307.

1. Mary Hamilton, *Incubation.* London, 1906. Part. II, *Incubation in christian churches during the middle ages,* p. 109-172. Part. III, *Modern Times,* p. 173-223. — L. Deubner, *Kosmas und Damian.* Leipzig, 1907, in-8°.

2. Ed. Doutté, *Magie et Religion dans l'Afrique du Nord,* p. 410-414.

3. Jamblique, *Des mystères,* III, 3, trad. P. Quillard, p. 77.

4. Aug. Gauthier, *Recherches hist. sur l'exercice de la médecine dans les temples, chez les peuples de l'antiquité, suivies de considérations sur les rapports qui peuvent exister entre les guérisons qu'on obtenait dans les anciens temples, à l'aide des songes, et le magnétisme animal.* Paris-Lyon, 1844, in-12, p. 135-169, où l'on trouvera les références.

les endormir et, pendant leur sommeil, elles parlaient, s'occupaient de leurs affaires, répondaient au magnétiseur qui les interrogeait, prédisaient ce qui devait arriver et prescrivaient des remèdes, soit pour elles, soit pour d'autres malades avec lesquels on les mettait en rapport [1]. On s'empressa de rapprocher ces phénomènes de ceux du sommeil dans les temples ; et dans les revues du magnétisme qui parurent à cette époque, cette thèse fut soutenue avec abondance. Elle est d'ailleurs restée en faveur dans le monde des magnétiseurs.

Malheureusement, pour cette thèse, on ne voit nulle part que les prêtres aient questionné les malades durant leur sommeil, ni reçu d'eux, alors qu'ils dormaient, des réponses qui aient indiqué des remèdes pour leur guérison ou pour celle d'autres malades. Le somnambule magnétique, une fois éveillé, ne se rappelle plus ce qu'il a rêvé, dit ou fait durant son sommeil ; tandis que les malades, qui ont dormi dans le temple, racontent leurs rêves après leur réveil. Il s'agit bien d'un sommeil naturel et des rêves ordinaires du dormeur.

Les prêtres d'Asklépios ont-ils vu, dans le dormir même, un remède ? Cela n'est pas impossible, d'autant qu'il s'agissait d'un sommeil liturgique dans lequel le malade était soumis à l'influence du dieu. Toutes les pratiques préparatoires : bains, frictions, fumigations étaient autant de lustrations destinées à préparer le malade à ce sommeil bienfaisant et à la réception des songes et des visions divines.

Il n'est pas douteux que les malades étaient mis en des conditions particulièrement favorables pour obtenir des rêves, et des rêves médicaux. Ils s'endormaient tout emplis de l'idée de la présence du dieu dont ils étaient les hôtes, l'esprit tout bourdonnant d'innombrables récits de songes et de miracles. Et cette préparation psychologique, renforcée par les lustrations qui toutes soulignaient l'espoir de la visite céleste, et cette attente, étaient encore singulièrement avivées par le jeûne.

Chacun sait que la sensibilité interne s'accroît notablement dans le sommeil et que bien des fois des rêves singuliers ont

---

1. De **Puységur**, *Mémoire pour servir à l'histoire et à l'établissement du magnétisme animal*. Paris, 1784, in-8°.

permis de prévoir, par avance, telle maladie qui n'éclatait que plusieurs jours après. Le sommeil, préparé par des exercices et des bains, la vie au grand air, les émotions religieuses, les veilles antérieures, devait être souvent fort profond. Un tel sommeil entraîne une anesthésie assez prononcée et, tant qu'il demeure profond, une absence complète de rêves. Mais en revanche, lorsqu'arrivent les premiers prodromes du réveil, la reprise progressive de la sensibilité, les rêves qui surgissent alors, étant donné qu'ils ne sauraient être gouvernés par des impressions digestives, doivent provoquer des images ou des scènes ayant trait aux organes malades ; ceux-ci se faisant particulièrement sentir en un semblable moment. « Les songes que l'on appelle envoyés par les dieux, dit Jamblique, se produisent *quand le sommeil nous quitte* et que nous ne faisons que commencer à nous éveiller, il arrive d'entendre une voix brève qui nous prescrit ce que nous allons faire : c'est entre la veille et le sommeil et quelquefois quand nous sommes tout éveillés que les voix sont entendues [1]. »

Les Asclépiades avaient-ils analysé ce phénomène ? ce que nous dit Jamblique tend à le faire croire ; mais ont-ils fait plus et tenté d'orienter les rêves des dormeurs sur les organes malades, soit par des attouchements ou par des indications verbales ? nous ne saurions l'affirmer en nous tenant aux textes, mais rien n'interdit de le supposer [2].

Les rêves séméiologiques provoqués par l'incubation, grâce au souci et à la préoccupation de trouver un remède, ont-ils fourni en même temps d'utiles indications thérapeutiques ? La chose a pu se produire, mais on ne peut ignorer que les prescriptions des dieux étaient le plus souvent obscures, du moins si l'on en juge par les plus claires. Artémidore, après

---

1. Jamblique, *Des mystères*, III, 2, trad. P. Quillard, p. 73-74. Ce texte, que personne ne cite à ce propos, est tout à fait décisif contre ceux qui assimilent les songes et les voix des temples aux visions et aux voix du somnambulisme.

2. On voit par divers passages d'Aristophane *(Plutus)*, d'Artémidore (V, 61), d'Elien (IX, 33), que quelquefois, pendant que les malades dormaient, les prêtres leur faisaient des applications sur diverses parties du corps ou même des opérations chirurgicales.

nous avoir donné des notions sur les diverses espèces de
rêves [1], écrit : « Les ordonnances des dieux sont toujours simples et sans énigme, les dieux appellent les onguents, les
emplâtres, les comestibles et les boissons des mêmes noms que
nous, ou bien, lorsqu'il faut deviner, ils ont soin d'être clairs.
Ainsi une femme, qui avait un phlegmon au sein, rêva qu'un
mouton la tétait. Elle fut guérie par un cataplasme d'arnoglosse
(langue d'agneau). Lorsque vous tombez sur un traitement, que
vous l'ayez expliqué vous-même ou que vous en entendiez
parler après coup, vous trouverez toujours, en y regardant de
près, qu'il contient des choses parfaitement médicales et qui ne
sortent pas de la doctrine suivie en médecine. Ainsi Fronton,
le goutteux, ayant demandé une recette, rêva qu'il se promenait
dans les faubourgs. Il se frotta de propolis [2] et fut soulagé. »

Malgré cette crédulité ou cette bonne volonté, Artémidore
avoue, lorsqu'il voit les songeurs indiquer des remèdes absurdes
ou incontestablement dangereux, qu'il ne peut croire que les
dieux aient conseillé de tels moyens [3].

Les connaissances pharmacologiques, qui nous sont venues
de cette source, doivent être assez maigres. Mais nous ne saurions oublier qu'il existait toute une catégorie de rêveurs pro-
fessionnels, sortes de clercs de l'incubation qui se chargeaient
de rêver pour les malades. N'étaient-ce pas là de véritables
somnambules magnétiques, et ne peut-on pas admettre que ces
espèces de voyants ont parfois formulé des médications heureuses ? Nous aurons à revenir sur les données thérapeutiques
du somnambulisme ; nous verrons ce qu'il faut en penser. En
attendant, comment ne pas se ranger à l'opinion des anciens
eux-mêmes ? Artémidore atteste que ceux qui se livraient aux
songes pour le compte d'autrui ordonnaient souvent non

1. On admettait trois sortes de rêves : 1° le rêve *théophanique* (chres-
matismos) dans lequel la divinité apparaissait elle-même ; 2° le rêve
théorématique, lorsque c'était le remède qui s'offrait au malade ; 3° le
rêve *allégorique*, quand ce remède revêtait une forme allégorique.

2. La propolis est une matière résineuse avec laquelle les abeilles
ferment l'entrée de leur ruche et *pro polis* signifie en avant de la ville·

3. Artémidore, *Oneirocritie*, iv, 24. éd. Rigault, Lutet., 1603, in-4°, p. 215.

pas ce qu'ils avaient vu réellement, mais ce qu'ils feignaient avoir vu [1].

De toute façon, rêves des malades ou rêves de leurs représentants étaient soumis à l'interprétation sacerdotale ; aussi ne devons-nous pas nous étonner si, dans leurs applications acceptables, ils se conforment aux données courantes de la médecine primitive. Voici quelques exemples : Pour un homme qui avait une maladie d'estomac, il fut ordonné de manger des dattes [2] ; pour un autre, qui avait une hémoptysie, de boire du sang de taureau [3] ; à un prêtre, qui éprouvait une douleur de côté, de se faire saigner à l'artère qui est en haut de la main [4].

Les inspirations divines ou, plus précisément, les intuitions du sommeil, même d'un sommeil sanctifié par les méditations et les lustrations préparatoires, paraissent donc n'avoir rien appris de nouveau, ni rien révélé. Galien, qui a pu apprécier en témoin et en médecin les pratiques de l'incubation, bien qu'il admette que les songes puissent parfois fournir un pronostic, blâmait très fortement ceux qui osaient administrer à leurs malades des remèdes prescrits en songe, sans avoir tout d'abord considéré la nature du mal [5]. Lorsqu'elles n'ont pas abouti à des prescriptions absurdes ou fantaisistes, les inspirations des songes n'ont été que l'écho de la science du temps qui, nous le verrons, procéda par de toutes autres voies où les théories et les principes ne tenaient pas moins de place que dans la médecine plus moderne.

L'incubation dans les églises chrétiennes n'a pas davantage contribué à enrichir la pharmacopée. Dans les sanctuaires des saints, on n'employait guère que la poussière des tombeaux, l'huile de la lampe, ou la cire des cierges qui brûlaient en leur honneur, l'eau et le vin qui avaient servi à laver leurs autels, le bois des grilles ou des portes de leurs chapelles et, sans

1. Artémidore, *Oneirocritie*, IV, 24.
2. Artémidore, *Oneirocritie*, V, 89.
3. Élien, *H. N.*, XI, 35.
4. Galien, *Methodus medendi*, XIV, 8.
5. Galien, *De Theriaca ad Pironem*, c. III.

distinction d'espèce, les feuilles et les fleurs des jardins qu'ils avaient cultivés [1].

A une époque plus rapprochée du paganisme, l'incubation chrétienne ressemblait davantage à l'incubation dans les temples d'Asklépios. Un démoniaque nommé Cyriaque, dont il est fait mention dans l'histoire des miracles de saint Cyr et de saint Jean, avait, nous dit l'hagiographe, suivi, *sur le conseil des saints*, un véritable traitement. Il s'était frotté le corps avec du vin, dans lequel on avait fait dissoudre la cendre de certaines viandes préalablement brûlées. Le malheureux possédé, qui passait la nuit sans dormir, en proie à une agitation furieuse, à la suite de cette médication, recouvra la santé [2]. On a le droit de croire que la foi ou la nature agirent plus efficacement que le traitement institué par les deux saints confrères.

Par la suite, le songe inspirateur disparut, ou du moins l'incubation ne produisit plus que des visions pieuses où l'on recommandait l'usage d'une huile, d'une poussière ou d'une eau qui était censée véhiculer le pouvoir guérisseur du saint. On retournait ainsi à la médecine magique la plus lointaine où le véritable remède était la vertu du mort sacré. On pourrait noter semblable régression dans le Mahométisme : on porte souvent le malade sur le tombeau même du saint et celui-ci n'apparaît plus pour formuler des remèdes, mais pour que l'on soit assuré de guérir [3].

Pas plus dans le Christianisme ou le Mahométisme que dans le Paganisme ancien ou la magie primitive, les songes du sommeil ne paraissent avoir beaucoup enrichi le trésor des remèdes et des spécifiques. Il faut décidément chercher ailleurs les véritables guides des prêtres guérisseurs.

1. A. Marignan, *La médecine dans l'Eglise au VIe siècle*. Paris, 1887, in-8°, p. 17-20.

2. S. S. Cyr et Joh. miracul., 56, apud Aug. Maii. *Spicileg. roman.*, III, 566.

3. Dr Ern. Mauchamp, *La Sorcellerie au Maroc*, p. 182-183. — Cf. Ed. Doutté, *Magie et Religion dans l'Afrique du Nord*, p. 410-415.

CHAPITRE IV

EMPIRISME ET RAISONNEMENT DANS LA MÉDECINE MYSTIQUE

Le hasard n'est pas l'inventeur de la thérapeutique, même de la thérapeutique du prêtre ou du sorcier. Le hasard ne saurait être un maître ; le véritable maître est la nature « qui produit et enseigne toutes choses ».

§ 1. L'observation de la nature. La discipline des impulsions de l'instinct

En réalité, dès que l'homme a pratiqué un art quelconque, il a eu recours à l'observation et à l'induction ; *a fortiori* lorsqu'il s'est agit de la médecine. Pour profiter des enseignements que purent offrir les animaux, il fallait les avoir observés, même les avoir observés avec soin ; et ce n'était que par une induction d'ailleurs sans rigueur que l'on concluait que ce qui était utile à l'animal malade pouvait être bienfaisant à l'homme atteint d'un trouble analogue. L'observation et l'induction se contentaient d'analogies parfois grossières ; mais on ne saurait imaginer, on n'a jamais constaté, que les primitifs s'en soient passés.

De même les indications de l'instinct des malades ne purent être transformées en enseignement pratique et utile que par des observations comportant déjà des précisions, par un essai de clinique ou de description de la maladie, par une description du remède ou un essai de pharmacopée.

A côté des hommes-médecins qui se sont bornés à prescrire des remèdes, il s'est trouvé des hommes qui ont compris que nombre de maladies proviennent d'excès dans le boire ou le manger, de l'abandon à des chagrins ou à des joies immodérés. Ils devinrent vite des maîtres de tempérance. Ces hommes se multiplièrent dans les sociétés organisées et surtout dans les sociétés sacerdotales. Parmi les prêtres d'Esculape la question du régime a déjà pris une considérable importance. Dans plusieurs temples on interdisait le vin aux malades pendant plusieurs jours [1]. Nous avons déjà vu qu'il était fréquent qu'on imposât la diète. Galien nous dit que les malades étaient tellement soumis à la volonté des prêtres qu'ils restaient quelquefois quinze jours sans boire ni manger, et il ajoute que ceux qui le consultaient ne lui obéissaient pas à beaucoup près aussi ponctuellement [2]. Il est vrai que ces pratiques visaient à faciliter la venue des songes ; mais qui ne voit que dans beaucoup de cas elles devaient suffire à améliorer l'état du malade, et que les prêtres ne l'ignoraient pas. Au reste, nous savons par Philostrate qu'il en était positivement ainsi :

« Un jeune Assyrien, dit-il, était venu consulter Asklépios : il ne s'en livrait pas moins à la bonne chère et à son goût pour le vin, et dépérissait de plus en plus. Atteint d'hydropisie, il ne se plaisait qu'à boire sans se soucier de combattre l'humidité de son corps. Aussi était-il négligé par Asklépios qui refusait de lui apparaître, même en songe. Cependant comme il se plaignait de l'oubli dans lequel il était laissé, Asklépios vint à lui et lui dit : — Cause avec Apollonius, tu t'en trouveras bien. — Le jeune homme alla trouver Apollonius : — Quel avantage, lui dit-il, puis-je retirer de votre sagesse ? Asklépios m'ordonne d'avoir un entretien avec vous. — Vous retirerez de cet entretien, répondit Apollonius, un avantage que vous apprécierez dans l'état où vous êtes, car vous demandez, je crois, la santé. — Oui, la santé que promet Asklépios et qu'il ne donne pas. — Voyons, pas de mauvaises paroles ! Asklépios donne la santé à ceux qui la veulent réellement ; mais vous, *vous faites tout ce qu'il faut pour aggraver votre état*. Vous vous livrez à la bonne chère, vous chargez de mets succulents vos entrailles

---

1. **Philostrate**, *Vie d'Apollonius*, II, 37.
2. **Leclerc**, *Hist. de la Médecine*, liv. I, c. 20.

humides et malades : c'est de la boue que vous mêlez à l'eau [1].

Ainsi les prêtres d'Asklépios entendaient discipliner les habitudes mauvaises et les déviations de l'instinct de conservation ; bien plus, leurs prescriptions impliquaient des considérations sur le sec et l'humide qui supposaient la croyance à une sorte de doctrine humorale.

Les prêtres d'Asklépios veillaient non seulement au régime du boire et du manger, mais recommandaient les exercices du corps et la gymnastique qu'ils avaient élevée à la dignité — déjà — de gymnastique médicale. Auprès de tous les grands temples on trouvait des gymnases où l'on traitait les affections chroniques par les bains, les frictions et l'exercice. Galien fait mention d'un habitant de Smyrne appelé Nicomaque qui avait contracté une telle obésité qu'il ne pouvait plus faire aucun mouvement et qu'Asklépios parvint à guérir à l'aide de violents exercices qu'il lui faisait faire le matin à jeun [2]. Au reste Asklépios, dit encore Galien, recommandait souvent aux malades la chasse, l'équitation, la gymnastique, l'exercice des armes [3].

Le régime moral n'était pas plus négligé que le boire et le manger ou que les exercices corporels. A ceux qui étaient excités par des passions vives, Asklépios (entendez les prêtres du dieu) conseillait d'assister à des représentations bouffonnes, d'écouter la musique ou des chants mélodieux. L'orateur Aristide recevait des prescriptions analogues. Asklépios lui ordonnait de composer des vers, des discours, et des chœurs d'hommes et d'enfants lui chantaient les hymnes dont il était l'auteur.

Enfin les prêtres avaient reconnu l'influence des voyages et des changements de climats tant pour les affections morales que pour certaines maladies organiques [4].

Il me semble bien qu'ils avaient compris toute l'importance des distractions, du changement d'habitudes pour préparer l'esprit

1. Philostrate, *Vie d'Apollonius*, I, 9, trad. Chassang, in-12, p. 9-10.
2. Galien, *De differentiis morborum*, c. IX.
3. Galien, *De sanitate tuenda*, I, 8.
4. A. Gauthier, *Recherches historiques*, p. 49-50.

à des impressions nouvelles et tout spécialement à l'éclosion de
la confiance, à l'épanouissement de la foi qui guérit. Le pèlerinage en un lieu salubre aux horizons enchanteurs, lieu sacré et
divin, était une admirable préparation à la foi. L'imagination
charmée et surprise, l'esprit saisi par les récits de miracles et
absorbé par les cérémonies, le corps allégé par le régime et par
le jeûne, tout cela orientait le malade vers un renouveau au
bout duquel la guérison ne devait pas être rare. Et rien de tout
cela n'avait échappé aux Asklépiades qui enseignaient une
véritable discipline de l'instinct et de la nature par un régime
d'alimentation, un régime d'air et de bains, un régime d'exercices corporels, un régime moral sous les apparences de la
seule discipline et du seul régime religieux.

§ 11. La critique des révélations et des intuitions surnaturelles
Leur contrôle apparent et leur contrôle doctrinal
Autoscopie et hétéroscopie

Nous n'avons pas exagéré la part qui revient aux révélations
mystiques. Les songes de l'incubation, les visions de l'extase
des sorciers ou de la trance des prêtresses n'ont pas dû enrichir
notablement la pharmacopée et la thérapeutique. Cependant
on peut faire valoir en leur faveur un argument que nous ne
pouvons passer sous silence. Parlant des patients atteints de
maladies extatiques ou convulsives, Cabanis affirme : « Il est
de ces malades qui distinguent facilement à l'œil nu des objets
microscopiques ; d'autres qui voient assez nettement dans la
plus profonde obscurité pour s'y conduire avec assurance. Il
en est qui suivent les personnes à la trace comme un chien et
reconnaissent à l'odorat les objets dont ces personnes se sont
servies ou qu'elles ont seulement touchés. J'en ai vu dont le
goût avait acquis une finesse particulière et qui désiraient ou
savaient choisir les aliments et même les remèdes qui paraissaient leur être véritablement utiles, avec une sagacité qu'on
n'observe pour l'ordinaire que dans les animaux [1] ».

1. P.-J.-G. Cabanis, *Rapports du Physique et du Moral de l'Homme,* éd.
S. Peisse, P., 1844, in 8°, 7° mém., § ix, p. 319.

Virey n'est pas moins explicite : « Lorsqu'une organisation semble s'observer intérieurement, l'instinct lui parle, il l'inspire et l'instruit sur ses propres maux et *souvent d'une manière plus clairvoyante que ne peut le deviner le médecin le plus habile.* Cette voix intérieure est indépendante de l'intelligence : les personnes les plus simples, les idiots, les individus à demi assoupis sont même les plus capables de l'entendre, car ils sont moins distraits par les sensations extérieures[1]. » « On ne nous accuse point, dit-il encore, d'ajouter foi aux prestiges du magnétisme animal (il en fut, en effet, l'un des plus terribles adversaires) ; mais ses sectateurs s'autorisent de faits bien connus, dans lesquels l'instinct entre en action par l'assoupissement des sens extérieurs. *Qu'une femme délicate ou nerveuse s'abandonne à ce demi-sommeil nommé somnambulisme magnétique,* qu'elle ferme ses sens, ou les portes des impressions externes, les impressions du dedans deviennent prédominantes ; alors elle les ressentira plus vivement ; elle verra, selon ses paroles, tout l'intérieur de son économie, elle apercevra la moindre sensation interne, extraordinaire, ou plus saillante que de coutume ; son imagination ébranlée suscitera même dans ses viscères des mouvements particuliers qu'elle pourra considérer comme autant d'inspirations autocratiques de l'instinct ou de la divinité. Il est naturel et conforme aux lois de l'organisme qu'elle puisse désirer spontanément et demander les genres de remède qui conviendraient à ses propres maux[2]. »

On pourrait relever dans les écrits des magnétiseurs de nombreux exemples de malades qui, mis en état de somnambulisme magnétique, ont, non seulement décrit avec de remarquables détails l'état de leurs organes malades, mais ont prescrit aux médecins qui les soignaient des traitements qui furent suivis de succès[3].

Depuis lors, les phénomènes d'*autoscopie* interne ou de vision automatique de l'organisme sont entrés décidément dans

1. V° *Forces médicatrices* dans *Dict. des Sc. méd.*, XVI, 425.

2. V° *Instinct* dans *Dict. des Sc. méd.*, XXV, 386.

3. On en trouve cinq fort intéressants dans D' Charpignon, *Physiologie, médecine et métaphysique du magnétisme*, Paris, 1848, in-8°, p. 209-228.

la science avec les docteurs Comar et Sollier [1]. Nous devons admettre que les centres corticaux qui président aux fonctions organiques subissent alors une sorte de sommeil ou d'anesthésie et que le réveil de ces centres amène souvent une aperception des organes auxquels ils sont liés.

Ce point établi, il paraît bien difficile de ne pas admettre à sa suite que cette aperception organique ne puisse entraîner un appétit pour telle sorte de remède ou déterminer l'impression que telle médication lui serait favorable. La somnambule, la pythie, le sorcier, l'extatique pourraient donc être, dans une certaine mesure, leur propre médecin et se prescrire à eux-mêmes, instinctivement ou intuitivement, les médicaments qui leur conviennent.

En fait, Aristide, qui fut un simple malade, mais qui paraît bien avoir été sujet aux extases et probablement atteint de somnambulisme puisqu'il dictait, durant son sommeil, les prescriptions qu'il croyait recevoir des dieux, a fini par recouvrer la santé ; mais au bout d'innombrables médications, de voyages considérables et d'une vie de pèlerin pieux qui ne dura pas moins de treize ans. Et l'on doit observer que parmi les prescriptions qu'il reçut du ciel il y en eut de parfaitement absurdes, comme celle de se tirer cent vingt livres de sang [2].

Le docteur Gromier ayant, durant des années, recueilli diligemment les prescriptions sorties des officines des somnambules de sa connaissance, écrit : « C'est pitoyable d'absurdité et d'audace. L'audace va quelquefois jusqu'aux limites du crime ; j'ai vu de ces prescriptions dont les doses seraient capables de produire de terribles empoisonnements [3]. »

Ouvrez le volume où sont consignées 269 consultations d'une somnambule contemporaine, Mme Kelsch, de Nancy [4]. Le traité des plantes du Dr Cazin a fourni, ainsi qu'en témoigne

1. Dr **Comar**, *L'Autoreprésentation chez les hystériques* dans *Presse médicale*, 17 janvier 1903. — Dr P. **Sollier**, *Les Phénomènes d'autoscopie*, P., 1903, in-12.

2. **Aristide**, *Oratio sacra secunda*, p. 301.

3. Dr **Gromier**, *Qu'est-ce que le magnétisme ?*, p. 40.

4. A. **Barmond**, *Somnambulisme et thérapeutique... Thérapeutique de Mme Kelsch, de Nancy*, Paris, 1904, petit in-8° de 149 p.

la préface, toute la matière des ordonnances de notre somnambule. Ajoutez-y dix recettes de commères, une douzaine de spécialités pharmaceutiques et vous aurez tous ces secrets qui n'ont rien d'intuitif. Cette femme inspirée n'a rien inventé et ses découvertes n'enrichiront pas la pharmacopée. Le cas de feu Mme Kelsch est, d'ailleurs, typique et vingt autres somnambules nous donneront vingt fois le même résultat [1].

Dans l'antiquité, il arrivait assez fréquemment que l'on consultait les pythies pour des maladies. Alexandre de Tralles rapporte qu'un jeune Athénien nommé Démocrate, étant atteint d'épilepsie, se rendit à Delphes pour demander au dieu quel remède il devait pendre à son cou pour guérir. La pythie lui rendit un oracle en vers contenant une prescription d'amulette. Comme cet oracle était obscur, un prêtre l'interpréta [2]. On ne nous dit pas, d'ailleurs, que la médication ait réussi. Anciennes ou modernes, le cas des somnambules à consultation pose d'autres problèmes. L'*hétéroscopie* [3] ou la vision anatomique des organes malades d'une autre personne est-elle démontrée ? C'est une question fort controversée. Certains médecins l'ont tranchée affirmativement et n'ont pas craint d'utiliser des somnambules dans leur consultation, tels que les docteurs Garcin, Hilarion Huquet, Louis de Seré, qui nous ont laissé des ouvrages où ils affirment le pouvoir hétéroscopique de leurs collaboratrices [4]. Le docteur Louis de Seré écrit : « L'art de guérir a des indications précieuses et importantes à retirer

---

1. Je ne parle pas de l'innombrable troupeau des médicastres qui simulent l'hypnose et le somnambulisme et n'hésitent pas à administrer les médicaments les plus délicats à dose énorme. A. Gauthier, *Recherc. s historiques*, p. 217. — Dr Laurent de Perry, *Les somnambules extra-lucides, leur influence au point de vue du développement des maladies nerveuses*, P., 1897, grand in-8°, p. 85.

2. Alex. de Tralles, *De medicina*, 1, 15.

3. Le terme hétéroscopie me semble donner un pendant utile au mot autoscopie.

4. Dr Garcin, *Le magnétisme expliqué par lui-même*. — Dr Hilarion Huquet, *Du somnambulisme médical ou esquisse de nososcopie dynamo-thérapeutique*. — Dr Louis de Seré, *Application du somnambulisme magnétique au diagnostic et au traitement des maladies, sa nature, ses différences avec le sommeil et le rêve*, Paris, 1855, in-12 de 302 p.

de l'étude du somnambulisme lucide. » Et encore : « Cette autopsie vivante, que le médecin vraiment pénétré de la sainteté de sa profession appelle si souvent à son aide, la vue somnambulique à travers les corps opaques la lui donne, et il rejette ce secours inespéré ! [1] »

Tous ces docteurs vont plus loin ; ils admettent que certaines somnambules, d'ailleurs fort rares, possèdent non seulement le pouvoir de lire dans l'organisme des malades comme dans un livre ouvert ; mais qu'elles peuvent indiquer la thérapeutique à suivre, grâce à une sorte d'instinct des remèdes [2]. « La plupart de nos docteurs modernes, conclut le docteur L. de Seré, se doutent fort peu, à coup sûr, que l'origine de leur art est purement somnambulique [3]. »

L'hétéroscopie n'est pas encore reçue dans la science officielle [4], qui n'y voit guère, en général, qu'un prétexte pour l'exercice illégal de la médecine [5]. Mais en admettant même que le fait soit enfin reconnu par les académies, on se demandera, néanmoins, comment le somnambule peut avoir le sentiment des remèdes qui seront utiles à un malade dont il n'éprouve pas les maux.

Cette difficulté n'arrête pas les partisans des somnambules, elle n'existe d'ailleurs pas pour ceux qui admettent qu'ils sont inspirés par des esprits célestes, bons anges ou bons génies. « Quand le somnambule voit les remèdes propres à d'autres personnes, écrit Morin, qui n'est point crédule, on peut supposer que, s'étant bien mis en rapport avec elles, s'étant bien pénétré de leur état, il se fait une idée si vive de

1. **L. de Seré,** *loc. cit.,* p. 17 et 19.

2. **L. de Seré,** *loc. cit.,* p. 23 et 188.

3. **L. de Seré,** *loc. cit.,* p. 127.

4. Le Dr Pitres, par exemple, explique l'hétéroscopie par l'hallucination : « Un sujet hypnotisé, dit-il, se représente tout aussi bien l'image de l'estomac d'une autre personne que celle de son propre estomac, et, une fois l'hallucination produite, il en décrira avec une imperturbable assurance, la forme, la couleur, les lésions. » Dr **A. Pitres,** *Des consultations somnambuliques* dans *Leçons sur l'hystérie,* II, 384.

5. **Denis-Weill,** *De l'exercice illégal de la médecine et de la pharmacie,* P., 1886, p. 49. — Dr **Saint-Aurens,** *Les Charlatans de la médecine,* P., 1904, in-12, p. 146.

leurs maux, qu'il finit par les regarder comme siens, et alors il voit instinctivement les remèdes convenables, comme s'il s'agissait de lui-même[1]. »

Prenons un instant cette hypothèse pour démontrée et examinons les cas traités par des somnambules assistées d'un médecin. Ici, encore, nous devons constater qu'elles ne prescrivent rien que ne pourrait prescrire l'herboriste du coin, une fois le diagnostic donné. Le docteur Charpignon, qui a écrit un ouvrage extrêmement favorable au magnétisme, voire à la médecine somnambulique, se voit obligé de faire de grandes réserves au sujet de la perspicacité de leur intuition thérapeutique.

« Dans l'application du somnambulisme à d'autres que le somnambule, on a trois grandes difficultés à vaincre. Premièrement, le somnambule, par des motifs qui prennent leur cause dans ses dispositions morales, peut dire qu'il voit, qu'il sent, sans que cela soit ; alors, ce qu'il ordonne ne signifie rien quand ce n'est pas mauvais.

« Secondement, le somnambule, voyant réellement ou entrant dans un état complet de sympathie avec le malade, *n'éprouve pas toujours l'intuition des substances médicamenteuses, et il ordonne ce que son jugement trouve de plus convenable.* Il n'y a plus, dès lors, dans sa médication, d'autres bénéfices que le diagnostic de la maladie.

« Enfin, le somnambule qui a donné des preuves de sympathisme et d'instinct médical n'est pas constamment dans un même état de lucidité...

1. **A.-S. Morin,** *Du magnétisme et des Sciences occultes,* P., 1860, in-8°, p. 291. — Les médecins magnétiseurs admettent que la vision de l'état des malades ne se produit chez certains somnambules qu'à la suite d'une sorte de contagion douloureuse qui leur fait ressentir par sympathie tous les maux du patient. On peut admettre que tous les somnambules sont doués, à des degrés divers, de cette faculté ; mais que chez ceux qui ne semblent pas ressentir les souffrances du consultant elle ne se manifeste qu'autant qu'il faut pour servir de base au phénomène d'hétéroscopie. L'hétéroscopie ne serait donc pas une vision directe, elle n'a, en effet, aucun des caractères d'une vision positive ; mais une traduction en images visuelles de sensations internes extrêmement ténues. Cf. D**r** **Charpignon,** *loc. cit.,* p. 238-267.

« Interrogez la plupart des magnétiseurs. Chacun vous dira qu'il a des somnambules d'une rare lucidité, qui consultent avec justesse et guérissent toujours les malades... Eh bien ! leur langage est fort exagéré, car, sur dix somnambules consultants, on en comptera un qui jouisse réellement des facultés nécessaires ; les autres, le plus souvent, raisonnent, mais n'ont pas le sens intuitif des remèdes [1]. »

L'intuition somnambulique, même sous la direction de docteurs de la Faculté de Paris, n'a en réalité rien inventé, rien innové, rien créé en thérapeutique.

Et ceci confirme ce que nous avons dit des songes, de l'incubation et des divinations extatiques. Les révélations ou mieux les intuitions mystiques n'ont été pour la thérapeutique qu'une source trouble et médiocre. On ne les recevait pas tout de go et sans critique. Ce n'est qu'après avoir confronté les révélations oneiromantiques avec celles du néocore Philadelphos que nous voyons Aristide se résoudre à avaler une énorme quantité d'absinthe macérée dans du vinaigre [2]. Les prêtres ne transformaient les révélations en ordonnances que dans la mesure où elles leur semblaient applicables, dans la mesure même où elles correspondaient à la doctrine reçue dans le temple, doctrine basée sur des principes et des théories : principe du semblable, principe de l'antagonisme, théorie de la contagion par contact et de la contagion à distance. Il était inévitable que leur interprétation des songes demeurât dans les limites de leurs connaissances et que les ordonnances qu'ils en tiraient fussent en rapport étroit avec ces mêmes connaissances.

§ III. L'accumulation des expériences et la tradition du savoir
Les Ecoles sacerdotales et les premiers médecins laïques

Les associations sacerdotales attachées au temple des divinités médicales constituèrent de véritables écoles, écoles

---

1. Dr Charpignon, *loc. cit.*, p. 265-266. Le magnétiseur Ricard, parlant des somnambules consultants, dit que pour un bon il y en a cent mauvais ; pour un qui est loyal vingt qui sont de mauvaise foi. *Traité théorique et pratique du magnétisme animal*, p. 535.

2. Bouché-Leclercq, *Hist. de la Divination*, II, 303.

secrètes, écoles mystiques et surtout écoles extrêmement respectueuses des acquisitions du passé et les transmettant religieusement. La connaissance d'une médication ou d'un remède, qu'elle fût le fruit d'un raisonnement analogique ou d'une observation judicieuse, n'en passait pas moins pour une acquisition d'origine rituelle et sacrée, pour une sorte de révélation.

Nous savons peu de choses sur les anciennes associations sacerdotales égyptiennes ; mais nous savons que toute la thérapeutique, toute la pharmacopée vient des temples. On désignait le scribe sacré par le crible parce qu'au dire d'Horapollon il était chargé de discerner la vie et la mort. « Il fait ce discernement, dit-il, par le moyen d'un livre gardé par ceux de son collège et sacré comme eux. Les Egyptiens l'appellent *Ambrès :* il leur sert à connaître si un malade vivra ou s'il mourra, et cela à la façon dont il est dans son lit [1]. »

Les papyrus médicaux passaient ordinairement pour avoir une origine divine. Ainsi *le traité de détruire les abcès* qui fait partie du papyrus Ebers avait été trouvé sous les pieds des dieux Anubis et Sokkem, et le papyrus médical conservé à Londres fut trouvé une nuit baignant dans les rayons de la lune en la grande salle du temple de Koptos [2]. Et lorsque ces antiques traités de médecine ne revendiquaient pas une origine divine, ils attestaient leur origine sacerdotale. Voici comment l'auteur du papyrus Ebers se présente au lecteur : « Je suis sorti de l'Ecole de médecine d'Héliopolis, où les anciens du grand Temple m'ont indiqué leurs remèdes. Je suis sorti de l'Ecole gynécologique de Saïs où les mères divines m'ont donné leurs recettes.

« Je possède des incantations composées par Osiris en personne. Mon guide a toujours été le dieu Thôth, inventeur de la parole et de l'écriture, rédacteur d'ordonnances infaillibles, lui seul qui sait donner la réputation aux magiciens et aux médecins qui suivront ses préceptes.

« Les incantations sont bonnes pour les remèdes et les remèdes sont bons pour les incantations. »

1. Horapollon, *Hiéroglyphes*, I, 38.
2. Maspéro, *Etudes de mythol. et d'archéol. égyptiennes*, III, 288-289.

Le papyrus médical de Berlin fit partie de la bibliothèque du temple de Memphis consacré au dieu Phtah et à son fils Imhotep, véritable Asklépios égyptien.

Et lorsque la médecine commença de se laïciser, nombre de plantes continuèrent d'être considérées comme divines, — le lierre n'était-il pas la plante d'Osiris? la verveine, les larmes d'Isis? la scille, l'œil de Typhon [1]? — et les traditions sacrées conservèrent force de loi.

Chez les Egyptiens, les médecins, dit Diodore, établissent le traitement des malades d'après des préceptes écrits, rédigés et transmis par un grand nombre d'anciens médecins célèbres. Si, en suivant *les préceptes du livre sacré*, ils ne parviennent pas à sauver le malade, ils sont déclarés innocents et exempts de tout reproche ; si, au contraire, ils agissent au rebours des préceptes écrits, ils peuvent être accusés et condamnés à mort, le législateur ayant pensé que peu de gens trouveraient une médecine curative meilleure que celle observée depuis si long-temps et établie par les meilleurs hommes de l'art [2].

Dans de telles conditions, il était impossible que la tradition ne fût fidèle, obstinée, indéracinable ; et, en effet, non seule-ment Galien, Aétius, Paul d'Egine, nous ont conservé des formules qu'ils attribuent positivement à Isis [3] ; mais nous avons dû constater que les vertus qui étaient attribuées aux plantes, par les papyrus médicaux de l'époque des Pyramides, sont presque toujours exactement celles que leur attribuèrent plus tard les médecins grecs et latins et, en particulier, Dioscoride et Pline.

Les onéirocritiques qui avaient consacré des livres à la signi-fication des songes, tels Germinus de Tyr, Demetrius de Phalère, Artémon de Milet, avaient réservé dans leurs recueils une très grande place aux « ordonnances et traitements dictés par Sérapis » [4].

En Grèce et dans le monde grec, les Asclépiades consti-

---

1. Kurt Sprengel, *Hist. de la médecine*, I, 51.
2. Diodore de Sicile, I, 82, trad. Hœfer, I, 95.
3. A. Gauthier, *Recherches historiques*, p. 60.
4. Artémidore, *Oneirocritie*, II, 44.

tuèrent de véritables écoles où se transmettait, comme un dépôt sacré, le trésor des connaissances acquises. A l'origine, la médecine était héréditaire dans les familles sacerdotales, ainsi que parmi les hommes-médecins. Platon atteste qu'Asklépios avait choisi ses disciples parmi ses parents [1]. Galien dit que les enfants des prêtres apprenaient de leurs pères l'anatomie, — entendez par là leur théorie de l'organisme, — en même temps qu'on leur apprenait à lire et à écrire [2]. Plus tard, l'association s'ouvrit à des étrangers qui furent d'ailleurs soumis à une initiation rigoureuse et obligés au secret. Le serment médical qui nous a été conservé, dans les œuvres attribuées à Hippocrate, fut certainement imposé aux médecins initiés dans les temples [3].

Parmi les écoles instituées par les Asclépiades, Cos, Cnide, Pergame brillèrent d'un éclat particulier. L'Ecole de Cos fut de beaucoup la plus célèbre ; la médecine s'y transmettait aux membres des mêmes familles. L'une d'elle prétendait d'ailleurs descendre en ligne directe des dieux Hérakles et Asklépios. Dans l'espace de près de trois siècles, sept médecins de cette dynastie savante, portèrent le nom d'Hippocrate. Celui d'entre eux qui brille au premier rang est Hippocrate II, petit-fils d'Hippocrate Ier, le vingtième des descendants d'Héraklès et le dix-neuvième de ceux d'Asklépios, l'un des génies les plus remarquables de l'antiquité. « Si ce qu'on dit maintenant d'Hippocrate est vrai, écrit Strabon, c'est surtout par l'étude des différentes cures dont la relation était affichée dans le temple de Cos, qu'il se serait exercé à la partie *diététique* de son art » [4]. Pline confirme son dire : « C'était l'usage que les personnes guéries dans le temple d'Esculape écrivissent les remèdes qui leur avaient réussi, afin qu'on en pût profiter dans les cas semblables : Hippocrate, dit-on, copia ces inscriptions,

---

1. **Platon,** *De la République,* l. x, p. 464.

2. **Galien,** *De administr. anatom.,* II, I. Hippocrate parle dans le même sens (voir le tome IV de l'édit. Littré).

3. **Kurt Sprengel,** *Hist. de la Médecine,* I, 168-171, et ses diverses références.

4. **Strabon,** l. XIV, ch. II, § 19, tr. Tardieu, III, 145.

et après avoir (c'est du moins l'opinion de Varron chez nous) incendié le temple, il institua la médecine appelée clinique »[1].

Certains savants pensent que les sentences coaques *(coacæ prænotiones)*, insérées dans la collection des œuvres d'Hippocrate, ont été empruntées aux tables votives. Chauvet dit très justement : « Hippocrate est moins un individu qu'une famille, moins une famille qu'une école. C'est un cycle. Il ne faut pas oublier qu'en lisant Hippocrate, c'est l'école de Cos qu'on lit[2]. » L'Ecole de Cos, comme d'ailleurs nombre d'écoles oraculaires, était très préoccupée des pronostics ; mais elle montrait peu de souci de l'hygiène et du régime[3]. Les questions thérapeutiques n'y étaient pas négligées ; on y enregistrait les remèdes nouveaux. Une description de la thériaque avait été gravée sur la porte de l'asklépeion[4].

L'Ecole de Cnide eut moins de célébrité que celle de Cos. Elle produisit cependant des hommes remarquables et c'est d'elle, selon Ackermann, que serait sortie l'école empirique[5]. Ctésios, qui descendait d'une famille cnidienne où la médecine était héréditaire, exerça l'art de guérir à la cour d'Artaxercès, roi de Perse. Euripton, élève du temple de Cnide, passe pour l'auteur des *Sentences cnidiennes.* Ce fut en tout cas un médecin remarquable, et si les *Sentences cnidiennes* ne sont pas son œuvre, elles ont certainement pour auteurs les prêtres du temple de Cnide. Ce livre est malheureusement perdu ; mais, d'après ce que nous en disent Hippocrate et Galien qui le connurent, les symptômes des diverses maladies y étaient donnés avec beaucoup de détails et d'exactitude.

Leur thérapeutique, toujours d'après Galien et Hippocrate, n'aurait connu qu'un petit nombre de moyens de traitement. Dans les maladies chroniques ils ne donnaient que des purgatifs, du lait et du petit-lait. Les prêtres de Cnide donnèrent

1. Pline, *H. N.*, XXIX, 2ᵉ éd. Littré, II, 297.
2. Em. Chauvet, *La Philosophie des Médecins grecs*, p. XL-XLI.
3. A. Gauthier, *Recherches historiques*, p. 74.
4. Galien, *De Antidot.*, l. II. — Pline, *H. N.*, VI, 29.
5. Ackermann, *Institutiones historiæ medicinæ.* Nuremberg, 1792, in-8°, p. 68.

deux éditions des fameuses *Sentences* et, au rapport de Galien, la seconde était plus médicale que la première, ce qui prouve que les médecins cnidiens avaient le souci de perfectionner leurs connaissances. La critique qu'Hippocrate fait des médecins de Cnide au début de son traité : *Du régime dans les maladies aiguës,* prouve que les diverses écoles sacerdotales ne professaient pas exactement les mêmes doctrines et pratiquaient par suite une certaine émulation.

A Pergame, centre intellectuel où se fit sentir puissamment l'influence alexandrine, on semble s'être beaucoup occupé de toxicologie ; du moins le roi Attalos Philometor, qui se passionna pour cette science, pourrait bien avoir été un habitué de l'asklepeion [1]. En tout cas, Asklépios y donnait des consultations de compte à demi avec Serapis, et du temple sortit toute une école de médecins, parmi lesquels il suffit de nommer Galien. Médecin du gymnase attenant au temple, et plus tard médecin de Marc-Aurèle, Galien ne doute pas de l'efficacité des ordonnances divines, mais bien entendu après qu'elles avaient été soumises à l'interprétation sacerdotale ou, autrement dit, à une sorte de critique doctrinale. Galien cite, à maintes reprises, le traité des médicaments d'Heros de Cappadoce, traité aujourd'hui perdu. Or, il est certain que nombre des formules ainsi doublement empruntées provenaient des archives du temple. Lui-même avait pu puiser librement dans les trésors de Pergame. Deux siècles plus tard, ce dernier temple produisit Oribase, le médecin de Julien, auquel nous devons une importante compilation de *Collecta medicinalia* où l'on peut retrouver de nombreuses médications empruntées à l'Asklépeion. On sait que c'est à la suite d'un songe, fait par son père, que Galien se destina à la médecine, et l'on ne peut guère douter que la vocation d'Oribase naquit sous l'influence de l'Asklépeion. C'est à Pergame surtout qu'Asklépios prodigua ses visites et ses conseils au rhéteur Aristide [2].

Sous le règne d'Antonin le Pieux, il y avait, à Rome, un

---

1. Plutarque, *Demetr.*, 20. — Cf. Bouché-Leclercq, *Hist. de la Divination,* III, 293.

2. Bouché-Leclercq, *Hist. de la Divination,* III, 301-305.

collège d'Esculape où le nombre des membres était fixé à soixante. Les fils y succédaient aux pères.

§ IV. L'empirisme mystique et l'empirisme philosophique

L'ancien empirisme grec passe pour être sorti du temple de Cnide ; on lui adresse d'ailleurs volontiers les mêmes reproches qu'à la médecine sacerdotale. L'Ecole empirique passe pour avoir rejeté tout raisonnement en médecine et l'on dit couramment que les magiciens et les prêtres s'en tinrent aux données du hasard, de l'instinct ou de la divination. Rien n'est moins exact.

1º *De l'observation.* — Les prêtres observaient, recueillaient des observations cliniques, instituaient des régimes, notaient les médications qui avaient réussi, essayaient et enregistraient même les formules qu'on leur apportait du dehors. Aétius donne la formule d'un collyre qu'un orfèvre avait légué au temple de Diane, à Ephèse [1]. On pratiquait donc dans les temples ce que les empiriques appelaient l'*autopsie*, à savoir l'observation directe soit des symptômes, soit du cours des maladies, soit enfin des effets produits par les remèdes. Les médecins de l'école empirique qui reprirent la tradition de l'école cnidienne étaient de grands apologistes de l'observation. Autant ils négligeaient la recherche des causes qui ne tombent pas sous les sens, autant ils attachaient d'importance au choix judicieux de phénomènes qui pouvaient devenir objets d'observation [2].

2º *De l'histoire ou de la tradition.* — Nous avons vu que les écoles sacerdotales pratiquaient également le second procédé des empiriques et ne manquaient pas d'utiliser les observations qui avaient été faites avant eux, que leur avaient léguées les traditions orales du temple et les inscriptions votives. Avant Hippocrate, d'autres Hippocrates, ses ancêtres, avaient relu et médité les ex-voto de l'Asklépeion de Cos.

<hr>

1. *Contractæ ex veteribus medicinæ*, lib. VIII, c. 113.
2. **Kurt Sprengel**, *Hist. de la Médecine*, I, 473.

A ce double point de vue, l'empirisme sacerdotal et l'ancien empirisme grec de Philinus de Cos ou de Sérapion d'Alexandrie ont donc ouvert la voie à tous ceux qui ont fait faire quelques progrès à l'art médical. Tout le monde s'accorde d'ailleurs à reconnaître que les empiriques fondaient leur thérapeutique sur l'expérience. Mais, on ajoute : elle n'était fondée que sur l'expérience et c'est par là qu'elle est tombée dans le ridicule. Est-il vraiment exact que les empiriques se sont contentés d'observer, de comparer et d'enregistrer ? Ont-ils été de purs empiriques ?

3° *De l'emploi de l'analogie et du raisonnement analogique.* — Les anciens empiriques admettaient un troisième procédé de connaissance : *l'analogie.* Observation, histoire, analogie constituaient pour eux ce qu'ils appelaient le *trépied de la médecine* ce que l'on a appelé le *trépied empirique* [1].

« Très sévères dans l'acceptation des faits qui devaient être très nombreux et recueillis sans idées préconçues, écrit Bouchut, les empiriques avaient ensuite recours à *l'analogisme* pour éclairer le classement et la thérapeutique des faits nouveaux. C'est ce que nous appelons maintenant l'analogie. Quand un fait de cette nature se présentait à l'observation, on le comparait aux faits anciennement observés et, selon ses analogies, on se croyait en droit d'agir en conséquence [2]. »

Dire, après cela, que les empiriques rejetaient l'emploi du raisonnement en médecine [3] est tout simplement énorme. Les empiriques, à la suite de Pyrrhus, frappés de la faiblesse et de l'inutilité des raisonnements sur la nature des maladies et sur celle des remèdes, estimaient que, à l'encontre des dogmatiques, dont les théories se contredisaient d'ailleurs à l'envi, il fallait renoncer à toute spéculation sur les choses en soi et s'en tenir aux phénomènes. Mais, que dit autre chose, aujourd'hui,

---

1. Cf. l'excellente analyse de Chauvet que nous ne pouvons suivre ici dans tous ses détails : **Em. Chauvet**, *La Philosophie des médecins grecs*, p. LII-LIII.

2. **Dr H. Bouchut**, *Histoire de la médecine et des doctrines médicales.* Paris, 1873, I, 412-413. J'ai emprunté à dessein cet exposé d'un adversaire résolu de l'ancien empirisme.

3. **Dr E. Boinet**, *Les doctrines médicales, leur évolution*, P., 1910, in 12, p. 36.

un savant digne de ce nom ? Il ne fallait que guérir et pour ce, toute métaphysique était vaine ; il n'y avait donc qu'à utiliser les remèdes dont l'expérience avait prouvé l'efficacité, ou déterminer par l'analogie des symptômes observés quels remèdes employer ; ou, par celle des substances, les vertus probables d'un remède nouveau. C'est ainsi que l'on comparait l'érysipèle aux dartres, et les affections des bras à celles des jambes ; de même l'utilité des coings dans la diarrhée faisait attribuer aux nèfles des effets salutaires dans cette affection [1].

Si vous demandez à un contempteur des disciples de Philinus de Cos, quelle est la différence qui sépare si profondément ces positivistes de l'ancienne Grèce de nos médecins positivistes contemporains, il vous répondra, sans doute, que, loin de rejeter tout raisonnement, le disciple de Comte emploie constamment l'induction.

« Le quinquina, dit Trousseau, guérit la fièvre intermittente, c'est l'Indien qui me l'apprend ; je reçois de lui ce fait, moi, médecin ; et, malgré moi, *instinctivement*, je vais chercher si, dans d'autres maladies caractérisées par la périodicité, ce médicament qui va si bien à une affection périodique, ne réussirait pas, et je trouve qu'il y a une névralgie, occupant le nerf sus-orbitaire le plus souvent, ou occupant d'autres parties du corps, revenant périodiquement. Alors je me dis : si une maladie périodique non douloureuse a été combattue par le quinquina, essayons donc si une maladie périodique douloureuse ne pourrait pas être combattue de la même manière. J'essaye, cela réussit ; c'est un fait de plus, c'est l'élément d'un système, d'une théorie.

« Mais vous allez voir se dégager d'autres inconnues, et d'autres lumières jaillir du même fait-principe.

« Il y a, dans ce nouveau fait de la névralgie, deux facteurs : la périodicité et la douleur. J'ai eu raison de la périodicité avec le quinquina et la douleur a cédé. Essayons donc si, dans une maladie essentiellement douloureuse, quoique non périodique, le quinquina, ou ses préparations, ne réussiraient

<hr>

1. Kurt Sprengel, *Hist. de la Médecine*, 1, 477.

pas de la même manière. J'essaye dans le rhumatisme aigu, maladie essentiellement douloureuse, et je guéris.

« Il y a loin de ce que l'Indien m'a transmis il y a deux siècles, au traitement du rhumatisme aigu par le quinquina ; mais, néanmoins, remarquez-le bien, ces idées sont engendrées l'une par l'autre : *c'est là l'expérimentation par induction* dont je parlais tout à l'heure. Déjà, comme vous le voyez, l'empirisme se constitue par des expériences, mais par des expériences dans lesquelles le hasard, père de la première expérience, intervient désormais infiniment moins que l'intelligence du médecin.

« L'éponge guérit le goître. En 1821, un chimiste, M. Courtois, découvre l'iode dans l'éponge ; est-ce l'iode qui guérirait le goître ? on essaye dans la mesure où on doit essayer et l'on guérit le goître avec des préparations d'iode.

« Mais le goître est une tumeur. Est-ce que d'autres tumeurs obéiraient aussi à l'action de l'iode ? On essaye et l'on guérit les tumeurs glandulaires.

« Mais voici une maladie fatale qui nous a été rapportée, dit-on, par les compagnons de Cristophe Colomb, maladie qui rend les os malades ; essayons donc dans les tumeurs osseuses qu'on rencontre dans cette maladie. Et l'on donne pour ces tumeurs osseuses ce même iode que l'on donnait pour guérir le goître et les engorgements glandulaires. On a ainsi fait une conquête immense en thérapeutique et aujourd'hui on arrive à guérir ce que l'on guérissait moins bien autrefois[1]. »

Mais qui ne voit que c'est en vertu d'un simple caractère analogique, la périodicité, que Trousseau rapproche la névralgie sus-orbitale de la fièvre intermittente et d'un autre caractère analogique encore plus vague, la douleur, qu'il en rapproche le rhumatisme. Rapprocher les tumeurs glandulaires et la tumeur osseuse siphylitique du goître, est-ce aller au-delà des analogies les plus grossières ? Il n'est pas douteux que non seulement Philinus de Cos et Sérapion d'Alexandrie, mais que les prêtres de Cos ou de Cnide étaient capables d'inductions tout aussi rigoureuses et non moins expérimentales puisque tout

---

1. A. **Trousseau**, *Conférences sur l'empirisme*, P. 1862, in 8°, p. 7-9.

aussi bien que le grand clinicien ils les vérifiaient ensuite sur les malades.

L'analogie ou l'analogisme des empiriques [1] qui fut pratiqué d'ailleurs largement par les sorciers et les prêtres-médecins est une forme essentielle du raisonnement. Ce n'est donc que par une méprise fâcheuse, bien qu'extrêmement répandue, que l'on affirme que les empiriques rejetaient tout raisonnement ou que la médecine primitive était un pur empirisme. Il n'y aurait pas d'induction, pas d'hypothèse possible sans l'analogie ; il n'y aurait pas davantage de déduction, s'il est vrai, ainsi que beaucoup le croient, que toute déduction recouvre quelque induction secrète. L'analogie ou le raisonnement par analogie est donc le ressort même de la raison.

Est-ce à dire que je veuille soutenir qu'il n'y a aucun progrès dans le monde et que nous en sommes encore au point où en étaient les médecins primitifs ? Non pas ; mais j'estime que toutes les vieilles critiques de l'empirisme ancien doivent aller rejoindre les vieilles lunes et que nous devons aujourd'hui reposer le problème : Dans quelle mesure la médecine primitive employait-elle le raisonnement et comment, des formes primitives de raisonner, sont sorties les manières de raisonner modernes ? En termes plus concrets, quelles furent les raisons qui guidèrent les primitifs, les Asclépiades, les médecins de l'antiquité et du moyen âge dans le choix des remèdes, et quels sont les principes actuels de la découverte en matière de pharmacopée et de thérapeutique ?

On ne peut répondre à cette question que par les faits. Mais l'analyse permet de constater que, dès l'origine de l'art, c'est en conséquence de raisonnements hypothétiques ou de théories préconçues que les remèdes ont été choisis et administrés. Elle nous induit à mieux comprendre qu'il est impossible d'espérer de véritables découvertes sans recourir à des

---

1. Si je ne parle pas de l'emploi de l'*épilogisme*, bien qu'il constitue une preuve péremptoire de l'utilisation du raisonnement par l'école empirique, c'est pour ne parler que de l'emploi de la raison nécessairement commune à tous les empirismes.

principes exprès ou implicites. Qui dit invention dit intuition, mais qui dit intuition dit raison.

Au fond même des découvertes de l'instinct ou des autres données intuitives, fussent-elles revêtues d'un caractère mystique, la raison apparaît. Il n'y a point de mentalité prélogique. La raison instinctive, qu'on me pardonne cette alliance de termes, est une raison qui ne s'est pas encore critiquée elle-même ou du moins à peine, mais c'est déjà la raison. Il y a une raison précritique, il n'y a point de raison alogique.

TABLE DES MATIÈRES

Chapitre I. — L'art de guérir est-il d'origine empirique ?............ 7

§ I. De la part du hasard................................. 10

§ II. De l'instinct médical chez les animaux................ 12

§ III. Du rôle de l'instinct de l'homme dans la découverte des médicaments.................................... 20

§ IV. De l'exposition des malades sur la voie publique..... 26

Chapitre II. — De la thérapeutique magique..................... 28

§ I. Magie et religion.................................... 28

§ II. Les théories magiques de la maladie : les esprits, le mana, l'âme.............................. 33

§ III. L'invention et la tradition des remèdes. — L'extase des magiciens et les sociétés magiques................. 42

Chapitre III. — La thérapeutique sacerdotale..................... 51

§ I. La mythologie médicale.......... 51

§ II. L'iatromancie : les songes et l'incubation......... ... 60

§ III. Les enseignements de l'incubation................... 72

Chapitre IV. — Empirisme et raisonnement dans la médecine mystique. 78

§ I. L'observation de la nature. — La discipline des impulsions de l'instinct.................................... 78

§ II. La critique des révélations et des intuitions surnaturelles. — Leur contrôle apparent et leur contrôle doctrinal. — Autoscopie et hétéroscopie................. 81

§ III. L'accumulation des expériences et la tradition du savoir. — Les écoles sacerdotales et les premiers médecins laïques.................................... 87

§ IV. L'empirisme mystique et l'empirisme philosophique... 93

Achevé d'imprimer
le quinze juin mil neuf cent vingt
par
CRÉPIN-LEBLOND
à Moulins